本成果受到国家自然科学基金青年科学基金项目（71904071）、中央高校基本科研业务费专项资金“优秀青年支持计划项目”（22lzujbkyjh003）、兰州大学人文社会科学类高水平著作出版资助。

基层干部担当作为研究

动机与影响因素

郭晟豪　著

中国社会科学出版社

图书在版编目（CIP）数据

基层干部担当作为研究：动机与影响因素／郭晟豪著．—北京：中国社会科学出版社，2024．3

ISBN 978－7－5227－3034－9

Ⅰ．①基…　Ⅱ．①郭…　Ⅲ．①中国共产党—干部教育—研究
Ⅳ．①D262．3

中国国家版本馆 CIP 数据核字(2024)第 037377 号

出 版 人　赵剑英
责任编辑　许　琳
责任校对　李　硕
责任印制　郝美娜

出　　版　中国社会科学出版社
社　　址　北京鼓楼西大街甲 158 号
邮　　编　100720
网　　址　http://www.csspw.cn
发 行 部　010－84083685
门 市 部　010－84029450
经　　销　新华书店及其他书店

印刷装订　北京君升印刷有限公司
版　　次　2024 年 3 月第 1 版
印　　次　2024 年 3 月第 1 次印刷

开　　本　710×1000　1/16
印　　张　13.25
字　　数　206 千字
定　　价　78.00 元

以国家之务为己任。

——韩愈

我愿证明，凡是行为善良与高尚的人，定能因之而担当患难。

——贝多芬

虽趣舍万殊，静躁不同，当其欣于所遇，暂得于己，快然自足，不知老之将至。

——王羲之

目　　录

第一章　导论

一　问题提出

激发广大干部担当作为是当前中国公共管理与基层治理实践的重要现实问题。习近平总书记多次勉励广大干部担当作为，并精辟指出党的工作最坚实的力量支撑在基层，经济社会发展和民生最突出的矛盾和问题也在基层。中共中央办公厅印发《关于进一步激励广大干部新时代新担当新作为的意见》，明确指出“大力教育引导干部担当作为、干事创业”，特别提出“尊重基层首创精神，鼓励基层结合实际探索创新，充分调动干事创业的积极性”。基层工作决定了国家层面的各项政策任务能否扎实落地（周雪光，2008；田先红，2022）。正如沃尔多（Dwight Waldo）所言，组织的研究如果没有考虑到激励个体，只是无意义的、单调的阐述（Waldo，1948）。对于干部担当作为激励的研究，是中国国家治理效能提升的关键。基层干部与群众的关系最为直接、密切，需要应对最为复杂多变的基层治理事务，较之其他层级干部需要更多行使自由裁量权（米切尔·黑尧，2004；余敏江，2021），其自觉主动的担当作为也就更为重要，基层治理取得成效与基层干部担当作为密不可分。

然而，当前基层政府坚持从当地实际出发的“突破性”改革和转变职能的做法尚不充分（杨立华，2021），许多调研发现基层干部存在着工作中消极怠惰的“不作为”现象（王亚华、舒全峰，2018；盛明科、孟俏俏，2022），基层干部担当作为的问题十分突出。西蒙（Herbert Simon）认为，人类个体是而且必须是一个组织化和制度化的个体（Simon，1957），研究基层干部必须将其置于日常工作的场域环境中。现实中，干部往往领取固定的工资，即使有突出的表现也往往只能获得精神鼓励而没有相应的物质奖励（范逢春，2020）；且难以受到提前晋升激励（周黎安，2017；杨华，2022）。基层干部能够接受到的激励较少，但他们又往往承担着最沉重的任务，中央政府以及各部委、地方政府各项政策的最终执行几乎都要落在他们身上（刘昕，2018；欧阳静，2022）。具体地，基层干部的工作内容更多的是在执行，工作受到了上级和群众的压力，自身忧心的是干群关系、工作考核（朱力、袁迎春，2017；郭晟豪、萧鸣政，2023）。此外，基层干部常常面对资源缺乏、政令不清、工作目标多元、服务对象和需求多元等复杂的工作挑战，更需要担当作为（Brodkin，2012；Assadi & Lundin，2018）。因此，有必要针对基层干部，围绕担当作为的内涵结构、动机和影响因素进行实证检验，尤其是科学分析其量化关系。

二 担当作为研究

怀特（Leonard White）强调公共行政应该理解并干预行政人员的行为（White，1954）。学界关于担当作为以及相关概念形成了一系列的理论探索。在公共管理和政治学领域，尤其是针对敢于担当形成了一系列的文章，这为理解基层干部的担当作为提供了基础和启示。此外，作为干部担当作为是公共服务行为的具体内容之一，关于公共服务动机的研究亦是公共管理领域研究的热门，研究者进行了多角度的探究。国外研究尽管对于担当作为的直接关注较少，主要集中于公共服务动机的研究之中，但是大量借鉴了心理学的理论基础和研究方法。企业情境中，国内外在组织行为方面均有一定的与担当作为类似的构念，其相关研究同样值得借鉴和参考。

1. 担当作为的特征

已有部分研究关注到干部担当作为的具体特征，一种是关注内容，通过领导人讲话、官方政策文件来确定担当作为意涵，包括认为符合习总书记所提出的“五个敢于”要求即为“担当作为”（唐任伍，2018）；

或依据中组部印发的《党政领导干部选拔任用工作条例》，即符合“敢于负责、勇于担当、善于作为、实绩突出”要求即为担当作为。另一种是关注担当作为的过程，分为敢担当、善作为两个部分（李庆霞，2016；陈斌，2019）；或者更为丰富地将决策过程并入其中，具体地分为担当意识、担当勇气和担当能力（萧鸣政等，2015；于海波，2018）等。尽管当前研究提出了对担当内容的解读，但是具体的量化研究仍然较少，有研究进行了担当特质的测量研究（萧鸣政等，2015；谭新雨、朴龙，2022），但是落实到具体的担当行为，将担当行为内容可操作化、可测量化的研究依然缺乏，但又势在必行（王长江，2018；郭晟豪，2020）。而在企业情境的组织行为研究中，类似的构念为主动担责行为（Taking Charge，也被译为“主动变革行为”“责任承担”“负责行为”），其描述则较为简明，指主动、有建设的角色行为，是员工自发付出的建设性努力，其目的在于改善组织功能并提升组织效能（Morrison & Phelps，1999；McAllister et al.，2007；Fuller et al.，2012；谢清伦、郗涛，2018；张若勇等，2018；张光磊等，2018；胡晓龙、姬方卉，2018），并且有着较为成熟的测量开发过程和量化工具（Morrison & Phelps，1999）。这同样为公共部门情境下的担当作为的研究提供了有效的参考。

可以发现，目前担当作为的研究尽管内容丰富，但对于担当作为具体的内涵结构研究反而不足，更是鲜见量化研究。因此，目前的担当研究应该聚焦具体问题，从行为引导和实操的角度，落脚于具体可观察的外在行为，先探明担当作为的具体特征。此外，既有担当作为的特征研究大多均未对我国干部进行层级、工作类型上的划分。不同层级干部的工作千差万别，其担当作为特征不应一概而论，倘若不进行精细化研究则不利于深化对干部担当作为的理解。目前仅有少数研究关注到了基层干部等具体干部群体（郭晟豪，2020；郑志龙、黄旭，2021；汪曲、许愉，2022），需要进一步的深入研究。

2. 担当作为的动机

目前的研究大多认为担当作为的动机主要来自政治觉悟、思想水平

（张占辉，2018；李军鹏，2020）。的确，政治水平是领导干部的核心素质之一，但是，干部的激励却并不能仅仅依赖于觉悟。因为中国传统的“好人当官”的意识，以往的研究对领导干部身份的认识更多的是看重他的职业身份，依靠道德制约。然而，对干部的管理既需要关注社会性的一面，也需要关注理性经济人的一面（竺乾威，2015；蔡锐星、胡威，2022）；毕竟助人为乐并且别无他求的个体始终是较少的一部分（张书维、李纾，2018）。关于对官员的理性经济人的关注，最常体现于官员的晋升动机的研究，并衍生出诸多理论。但是，基层干部的动机并不完全是为了晋升到更高职位，且广大基层干部难以直接制定经济决策影响经济增长，基层干部更多是完成工作，并通过政府工作维持生活（Mattozzi & Merlo，2008；Gagliarducci et al.，2010），所以官员的“委托代理体制”“晋升锦标赛”不一定适用于基层干部（梅赐琪、翟晓祯，2018；陈家喜，2018；李智超、刘霞，2019），因此基层干部的担当作为动机应该进行更具体的剖析。

与担当作为动机研究相对较为缺乏相比，公共部门工作人员的公共服务动机是公共管理领域内热点内容。担当作为是基层干部公共服务行为的一部分，因此公共服务动机的研究具有一定的参考价值。一般而言，公共服务动机通常与亲社会行为相联系（Rainey，1982；叶先宝、李纾，2008），强调使命呼唤和责任感，以服务于公众这样的伦理为特点（Perry & Wise，1990；Houston，2000）；同时也已经开展了大量量化研究（Perry，2014）。但是，多年来公共服务动机的概念内涵已过于广泛，涉及动机、信念、心理倾向、价值、态度等诸多范畴，边界模糊（Bozeman & Su，2015）。Perry（1996）发展的参与公共政策制定的吸引力、对公共利益的承诺、同情心和自我牺牲四个维度的公共服务动机结构也历经了国内外研究者的多次改编（Coursey & Pandey，2007；李小华，2008；Kim & Vandenabeele，2010；朱春奎、吴辰，2012；李锋、王浦劬，2016）。事实上，公共服务动机构念的区分度低及测量的通用性差已经成为制约其研究发挥理论与现实影响力的瓶颈（Vandenabeele et al.，2014；Prebble，2016）。因此，是时候回归“动机”本身来厘清公共服务动机的本质（张书维、李纾，2018；张书维、郭晟豪，2021a）。

这一过程同样值得担当作为动机研究的借鉴。动机是行为背后的驱动力，研究者认为公共服务动机研究因为特殊形式的利他或亲社会动机（Perry et al.，2010；Jacobsen et al.，2014）的模糊定位，使得研究依赖利他并迷失于内在动机与外在动机之间，这不利于分析公共服务动机的来源，所以应摆脱利他和内外动机二分的束缚（Chen & Bozeman，2013；张书维、李纾，2018）。

自我决定理论（Self-determination Theory）为动机分析提供了非常有用的框架（Chen & Bozeman，2013；Pedersen，2015；Weske & Schott，2016；张书维、李纾，2018）。自我决定理论从动机中自我决定成分的多少形成了“自主性—受控性”的轴线，在个人调节方面对传统的内在动机和外在动机（此外还有非个人调节的“无动机”）精细化划分为“自主动机”和“受控动机”（Ryan & Deci，2000；Deci & Ryan，2000；Deci & Ryan，2008；郭晟豪，2021a）。具体地，“自主动机”包括内在调节（即内在动机），即执行活动是因为活动本身有趣，类似于偏好；整合调节，即执行活动是因为对该项活动的价值充分认同，以至于成为了自己的习惯性部分，是类似于价值观；认同调节，即执行活动是因为认同该活动的价值和意义，类似于认同。“受控动机”包括内摄调节，即执行活动是因为内疚或自我卷入的自我价值情感，类似于内疚感；外在调节，即执行活动是为了获得奖励后逃避惩罚，类似于压力。自我决定理论对于动机的精细分类超越了对利他的依赖以及内外动机的二分，以此为基础的研究会对行为动机的多样性和适用性具有更强的解释力（张书维、郭晟豪，2021）。

在公共管理领域也有越来越多研究使用自我决定理论研究公共部门中的工作动机，发现了内在调节、整合调节、认同调节、内摄调节和外在调节对于工作满意度、公共服务意愿、公共服务行为的影响（Kuvaas，2009；Chen & Bozeman，2013；Fernandez & Moldogaziev，2015；Chen et al.，2018）。此外自主动机和受控动机并不是独立存在，受控

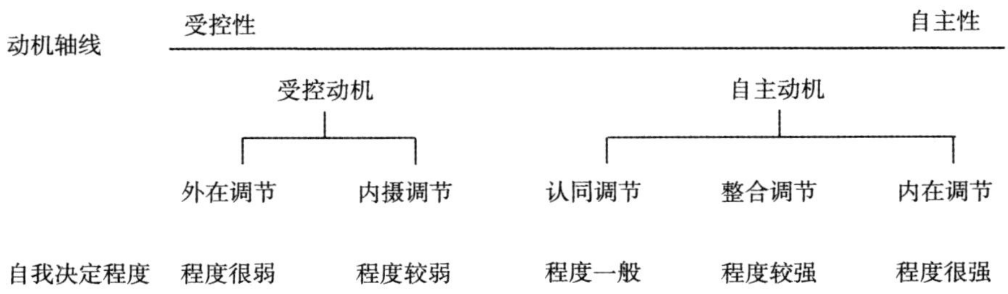

图 1.1　自我决定理论的分析框架

动机可以内化为自主动机，自主动机、受控动机彼此会产生“动机排挤”现象，一方动机上升，另一方动机就会下降（Frey & Jegen，2001）。研究发现，自我决定理论“自主性—受控性”的应用使动机研究更为贴合实际。事实上，企业情境的组织行为中的主动担责行为的动机研究就借鉴了自我决定理论（Li，Zhang & Tian，2016），自我决定理论大量应用于企业情境的动机分析中，有着相对成熟的测量工具，并且在组织行为中也有着偏好、价值观、认同、内疚感、压力等类似的成熟概念（Lin et al.，2009；Gagné et al.，2010；Van den Broeck et al.，2010；刘靖东等，2013）。以上研究为自我决定理论应用在基层干部的担当作为研究中提供了基础和保障。

3. 担当作为的影响因素

担当作为最终要关注行为的促进，当前担当作为研究尚未成熟，其影响因素研究可以参考公共服务行为。然而，目前大量研究集中于公共服务动机对行为的直接作用，从动机到行为的中介变量和调节变量却较少，何种因素影响了动机发挥作用的效果还没有精细探讨，这同样值得担当作为研究重视并深入分析。应该认识到，从动机到行为的过程并非如想象般直接。个体可能具有多种动机，但个体是动机的组合，动机并非分散发挥作用，因此在动机之后，行为之前应该存在个体的主观整合和判断（Petkus，1996；Stets & Burke，2000），这一过程在企业情境的组织行为研究中已经得到重视，但是在公共管理研究中尚未深入。

关于何种因素可能影响担当作为动机的作用机制，目前尚在起步阶段，但已经形成了一定的方向。在自我决定理论看来，自主动机作为个体因素虽关键，但一时难以改变，环境因素正是影响动机，尤其是受控动机的关键（Deci & Ryan，2000；Deci & Ryan，2008）。这也是目前研究的着力点，大量研究关注聚集于激励约束和容错纠错机制（万庄，2018；杨小军，2018），也有研究关注了组织支持感的作用（张树旺等，2017；郑志龙、黄旭，2021），但是总体而言量化研究依然不足，关注方向主要是环境因素。可以发现，目前担当作为影响因素的研究存在着与公共服务动机研究同样的不足，即个体因素与环境因素的辨别。而在相关的公共服务动机研究方面，有研究做了有效的尝试，从人口统计学变量、工资收入、工作满意度和地方经济特征、组织环境方面对公共服务动机影响因素（李锋、王浦劬，2016；王亚华、舒全峰，2018；张书维等，2023）。不过人口统计变量在实践中难以改变，工资收入、地方经济特征同样在操作性上有着极大限制，最具实践价值的是组织环境因素的改变，启示在担当作为影响因素的研究中应该关注组织因素的影响作用（Parker & Collins，2010），这一点在企业情境下的主动担责行为研究上得到体现，尤其是在个体特征的基础上如何通过组织因素的改变，如领导风格、组织氛围等（刘云，2013；Li et al.，2015；Li et al.，2016；张光磊等，2018；李鹏波等，2023），促进行为的发生。因此，担当作为的影响因素研究应该关注个体因素和环境因素，尤其关注在实践中容易操作，具有实践意义的组织因素。

4. 现有研究不足与趋势

第一，研究内容方面，目前的大量研究或是没有明确具体的领导干部群体或是集中于地方官员，基层干部的研究较为零散，因此干部研究缺少了对基层特征的关注，而关于担当作为的研究更是鲜见。基层干部担当作为的具体表现是什么还没有得到直接的回应。对于担当作为的激励依赖于政治觉悟和利他精神，而忽视了干部同样具有理性经济人的特点，导致研究存在如公共服务动机研究般依赖利他、束缚于内在外在动机二分的窘境的倾向。而影响因素方面，诸多研究关注了容错机制，但是对于其他因素关注尚且不足。

第二，研究方法上，近年来，国内研究者对于担当作为的研究极为重视，但是目前仍处于理论分析的起步阶段，规范研究为主，实证研究较少。一方面缺少深入基层的质性研究，难以基于鲜活的资料分析基层干部担当作为的特点；另一方面，量化研究以模型简单的问卷调查为主，既有存在问卷调查法推导因果关系缺少信服力的不足，也未能发挥问卷同时搜集多个变量，分析复杂模型的优势。

第三，研究模型上，目前的研究模型结构较为简单，并没有在动机到行为的过程中实现个体与环境因素的辨别，也没有关注到在实践中真正可调控的因素。因此，研究一方面不够精细；另一方面，研究结论的实践意义也受到了限制。此外，目前的研究较为分散，未能形成基层干部担当作为较为完整的研究体系。

综上所述，有必要开展更加系统的实证研究，回应基层干部的担当作为究竟是什么，如何测量？动机为何？受何影响，如何促进？特别应该结合质性研究深入实践和量化研究关系清晰的优势，尤其借鉴心理学、组织行为学的相关研究经验，聚焦中国基层情境下的干部担当作为，回归上述的“本质”，对基层干部担当作为的测量、动机和影响因素进行整合研究。这方面的研究不仅可以弥补当前研究的不足，也回应了实践中政府职能转变问题下如何改善干部作风的问题。

三　研究思路与方法

1. 研究思路

着眼于当前担当作为研究的不足与趋势，本研究拟采用先质性探索，后量化验证的方式对基层干部的担当作为的系列问题进行科学、全面的回答。本研究通过对现有文献的综合梳理，从担当作为的特征、动机与影响因素出发，对现有担当作为研究进行系统性梳理，发现当前担当作为的特征及内涵尚未厘清，担当作为的动机研究多囿于简单的内外二分，没有重视基层干部理性经济人的特点，而担当作为影响因素的研究则对容错纠错机制以外的影响因素关注不足。综合上述不足，本研究进行了对担当作为特征、动机和影响因素研究的整体设计。

首先是质性研究，探究基层干部担当作为的行为特征及逻辑，并在此基础上对比当前党和国家官方宣传案例中的“榜样”基层干部与现实情境中的大多数的“实际”基层干部之间在担当作为行为特征、逻辑上的差距，从而为针对性帮助一些缺乏担当精神的基层干部向榜样看齐提供逻辑依据。具体地，广泛搜集曾因其担当作为行为受到国家级以上荣誉表彰的基层干部案例，从多来源新闻报道搜集他们的担当作为事迹形成案例材料，分析党和国家所期待的基层干部担当作为特征“应然”为何，具有怎样的行为逻辑。之后，深入街道、社区等不同基层情境，探究基层干部实际理解的担当作为特征“实然”为何，并着重关注“期许”与“实际”之间的差异。

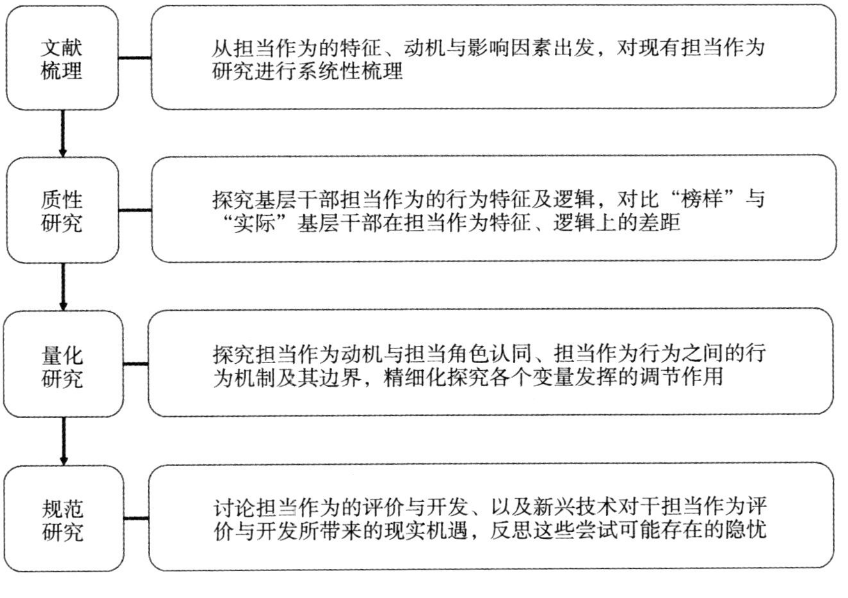

图 1.2　研究思路

擘画基层干部担当作为的行为特征及逻辑之后，本研究将关注的重点转向基层干部的担当作为动机，基于自我决定理论建立模型，量化验证按照自我决定理论“自主性—受控性”轴线划分行为动机后，基层干部自主动机的“内在调节：担当偏好”“整合调节：担当价值观”“认同调节：担当认同”；受控动机的“内摄调节：担当心安感”“外在调节：担当压力”对担当作为的积极作用。基于角色认同理论，探究担当作为动机对担当作为的作用是否经过了担当角色认同的中介。在此基础上，进一步精细化探究上级支持、繁文缛节、职业声誉感、工作焦虑感等变量在这一过程中的调节作用。之后，对如何“提振工作投入”及“抑制怠惰行为”进行实证探究。

分析完成基层干部担当作为特征、动机及影响因素的现状后，本研究着眼未来发展趋势，尝试讨论在当前新兴技术日新月异发展的“工业4.0”时代对基层干部担当作为的影响。技术的变革既可能革新现有的担当作为评价及开发模式，并已有丰富的现实实践尝试；同时，新兴技术变革下的基层干部担当作为可能面临准确性、信任支持、异化等多方面隐忧，需要在进行基层干部担当作为开发评价时“戒绝盲从”，从而得以“行稳致远”。最后，本研究对全书主要研究发现进行总结，尝试归纳研究贡献并提出具有现实价值的实践建议，并尝试对“如何使研究有用起来”提升对未来研究实践的助益。

2. *研究方法*

马克思主义认识论认为，“一切科学研究都必须运用到归纳和演绎的逻辑思维方法”，但同时也强调“科学性和真理性完全不是任何抽象的‘逻辑演绎’和‘理论推演’的产物，而是以马克思主义对于历史运动变化和当代社会现实的正确把握为基础的”（李振，2017；于学强，2023）。“归纳”与“演绎”是科学研究的两大主要导向，无论是从观察开始的归纳导向的建立理论研究，还是从理论开始的演绎导向的假设检验研究，都必须紧密结合当代中国的时代特征与实践定位，立足中国情境，研究中国问题，通过研究切实为中国的社会发展服务（丁元竹等，2021）。本研究即立足基层干部担当作为这一当前中国公共管理与基层治理实践的重要现实问题，统筹运用归纳导向与演绎导向的研究方法，发挥两种不同导向研究方法的优势，回答基层干部担当作为的特征、动机与影响因素等一系列关键问题。

在不同的研究方法导向下，本研究力图发挥采用多案例研究、深度访谈、回归分析等主要研究方法的优势，综合分析基层干部担当作为的特征、动机、影响因素等具体问题。其中，多案例研究与深度访谈属于质性研究方法，与归纳导向的研究更加贴近，侧重描述特点；问卷调查以及相应的回归分析与结构方程模型属于量化研究方法，与演绎导向的研究更加贴近，侧重通过具体量化关系。具体而言，通过多案例研究擘画基层干部担当作为行为特征及逻辑，通过深度访谈梳理基层干部在现实中的所思所想，探究党和国家宣传的担当作为榜样基层干部与现实中多数基层干部担当作为的差异。通过问卷调查及数据分析，分别对基层干部各类动机对其担当作为行为的影响、中介效应、调节效应等内容进行检验，获得更准确的量化关系。

四 本研究的结构

本研究通过在全国各地调研，从学术研究的角度基于大量研究资料、案例和数据，对基层干部担当作为的系列问题进行了较为科学、全面的回答。

第一章“导论”。首先提出基层干部担当作为的特征为何、如何激励及受到哪些因素影响的研究问题，从上述几方面进行科学全面的文献综述，分析现有研究的成果、不足及未来研究趋势。之后，结合本研究探讨的研究问题与既往研究的不足进行研究设计，交代各部分研究采用的主要方法及各章节的结构。

第二章“擘画：担当作为的质性分析”通过多案例研究、深度访谈等质性方法科学界定基层干部担当作为的行为特征，进而探索基层干部担当作为的行为逻辑，尝试建立行为逻辑模型；从典型案例以及现实中基层干部的理解等多个角度出发，立体分析并比较了基层干部担当作为的内容与结构。

第三章“洞悉：基层干部担当作为的动机研究”基于自我决定理论和角色认同理论，依据“自主性—受控性”轴线精细化研究担当作为动机，通过担当角色认同解构担当作为动机与担当作为行为之间的关系，

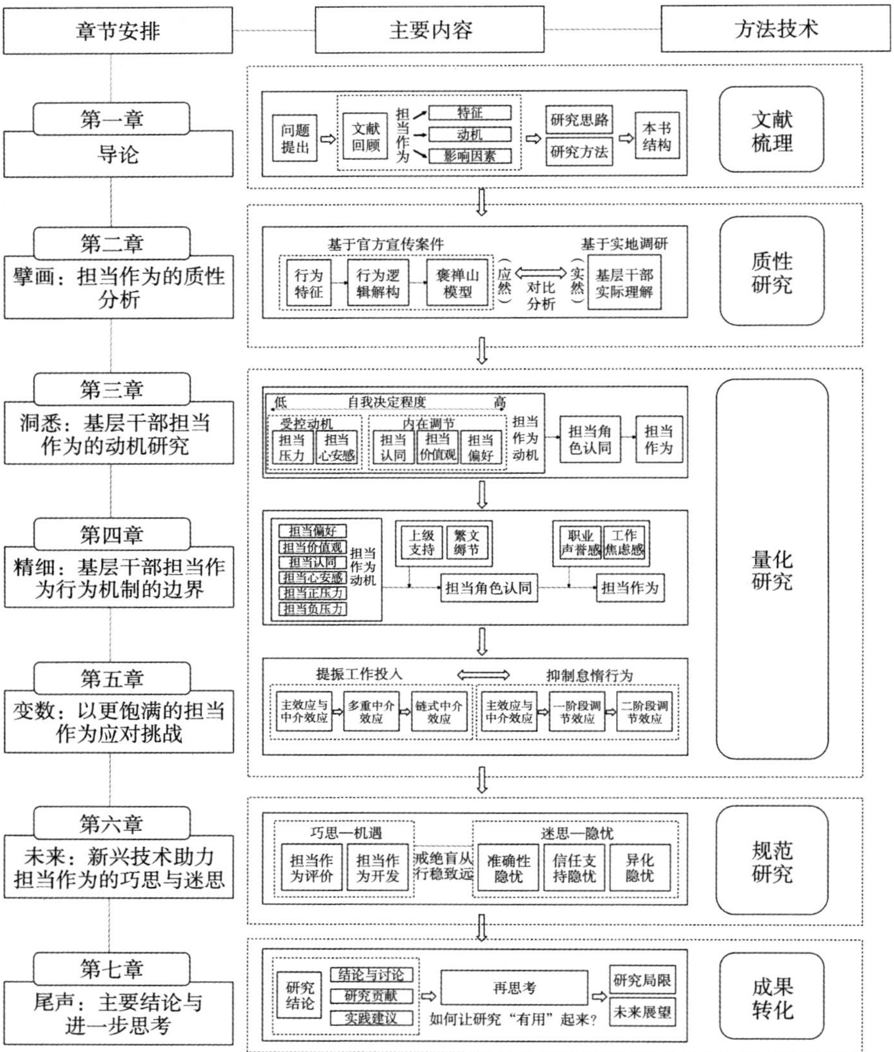

图 1.3　研究结构

并量化验证基层干部担当作为动机、担当角色认同以及担当作为行为的中介效应。

第四章“精细：基层干部担当作为行为机制的边界”从上级支持、繁文缛节、职业声誉感、工作焦虑感等多个角度研究担当作为动机与担当角色认同、担当角色认同与担当作为行为之间的行为机制边界，精细化探究这些变量在各个阶段影响过程中发挥的调节作用。

第五章“变数：以更饱满的担当作为应对挑战”立足当代中国基层干部担当作为管理实践的现实情境，着眼于工作投入的提升与怠惰行为的抑制，分别探究组织不良风气和政治忠诚型领导对干部工作投入的作用和边界，以及赋予公务员工作方法自主权对其怠惰行为的作用和边界。

第六章“未来：新兴技术助力担当作为的巧思与迷思”讨论了新兴技术对干部担当作为评价与开发所带来的现实机遇，介绍了各地方已经进行的丰富的现实实践尝试，并反思了这些尝试可能潜在的准确性、信任支持、异化等多方面隐忧。

第七章“尾声：主要结论与进一步思考”归纳汇总主要结论，提炼研究价值，尝试给出具有现实性的实践建议。与此同时，这一部分通过实地调研反思“如何让研究‘有用’起来”，进而更好地服务于我国基层干部担当作为激励、管理实践。

第二章　擘画：担当作为的质性分析

新时代以来，党和国家高度重视基层干部的担当作为，并通过优秀干部的典型案例树立担当作为榜样，为分析基层干部担当作为的内容和逻辑提供了现实素材。但是，自上而下官方宣传的“担当作为”同现实基层干部的实际理解很可能存在差距。本章即针对这一点，主要通过质性研究方法开展探索，探究基层干部担当作为的特征、行为逻辑，并发掘党和国家宣传表彰“榜样”基层干部的担当作为特征与现实中基层干部的担当作为特征之间的差异。从“找差距”入手，为改进当代基层干部激励与管理实践提供可靠借鉴。

第一节　担当作为的行为特征与逻辑：基于典型案例的研究

本节从党和国家官方宣传的“榜样”基层干部事迹出发形成多案例研究。通过归纳不同榜样干部担当作为事迹及评价的方式擘画基层干部担当作为行为特征、逻辑的整体面貌，力求全面获取党和国家宣传“榜样”基层干部的导向，并深入了解国家自上而下宣传中基层干部的担当作为意蕴。

一　研究背景

《关于进一步激励广大干部新时代新担当新作为的意见》出台后，积极担当作为的基层干部不断涌现。为确保意见精神贯彻落实，全国各省级地方政府分别出台《关于激励干部担当作为实施容错纠错工作办法》《关于激励干部担当作为的十二条措施》等配套办法，逐步建立干部担当作为的激励与容错纠错体系，通过法律、政策、指令等保障机制来确保对干部担当作为的激励真正沉到基层、落到实处。与此同时，党和国家表彰了大量的基层干部担当作为先进典型，通过宣传推介他们的先进事迹，来激励更多干部向他们跟进看齐。

然而，基层干部不担当、不作为的问题迄今仍部分存在，使得广大人民群众的切身利益无法得到有效保障。基层干部倘若不担当作为，面对工作怠惰甚至逃避，势必导致宏观政策难以得到有效落实，政府职能无法得到有效履行。因此，有必要探明新时代基层担当作为的整体逻辑，从而从更加微观的视角出发，为激励基层担当作为提出更切实有效具备针对性的方案。同属基层干部，为何受到国家表彰的先进“榜样”干部积极担当作为，而另一些基层干部则不担当、不作为？基层干部担当作为的整体行为逻辑是怎样的？本节对于国家表彰的先进典型案例的总结归纳，通过与场域理论和中国的现实情境的对话，探明了一条新时代基层担当作为的“新·褒禅山逻辑”。

二　研究设计

本部分广泛搜集因担当作为受国家表彰的基层干部的典型案例，主要分为以下三步进行。第一步，广泛寻找近年来曾获得“新时代担当作为典型风采”“七一勋章”等国家级奖项的基层工作者，作为本阶段研究的案例备选。第二步，逐一确认这些奖项获得者是否为基层干部，以及获奖是否与其在基层治理中的担当作为经历有关，并寻找不同国家级媒体的相关报道。第三步，逐一寻找前两步所确定样本人选的事迹报道，从多角度形成资料全面、丰富的案例，为后续分析做好准备。研究共计发现13个基层干部担当作为的官方宣传案例，如表2.1所示。

表 2.1 基层干部担当作为官方宣传案例

姓名	岗位	获得荣誉	资料来源	编号
徐锦春	街道工委书记	新时代担当作为典型风采	新华社等	JCTJ2018
魏建明	街道工委书记	新时代担当作为典型风采	新华社等	JMBJ2018
赵虎	街道工委书记	新时代担当作为典型风采	新华社等	ZHGZ2018
林丹	社区党委书记	七一勋章	新华社等	LDFJ2021
王兰花	社区党支部书记	七一勋章	新华社等	LHNX2021
杜云	社区党支部书记、居委会主任	《榜样》专题报道	《人民日报》等	DYHB2021
吴亚琴	社区党委书记	时代楷模	《人民日报》等	YQJL2014
马善祥	街道调研员	时代楷模	《人民日报》等	SXCQ2014
刘伦堂	社区党委书记	时代楷模	《人民日报》等	LTHB2014
殷金凤	社区党委书记、居委会主任	时代楷模	首都文明网等	JFBJ2014
潘瑞凤	社区党委书记	时代楷模	共产党员网	RFBJ2014
任红梅	社区党总支书记、居委会主任	最美奋斗者	《经济日报》等	HMSX2019
王波	社区党委副书记、社区管委会主任	最美奋斗者	《经济日报》等	WBHB2019

案例搜集完毕后，本部分依据 Eisenhardt 的质性数据处理建议（Eisenhardt，1989），具体分三步对资料进行分析。首先整体性研读全部案例材料，完成田野速写（write-ups）保证已经熟悉资料且在归纳时所有资料均得到使用。之后，以归纳基层干部担当作为的内涵为目标，凝练资料中基层干部的主要表现与具体内容（Eisenhardt，2007），根据相应的逻辑，形成了体现基层干部担当作为的“意识—行为—结果”三个层次。最后，将各方面资料进一步整理，对每一部分中资料的充沛程度进行审视性检验，根据需要补充相应内容。通过上述三个步骤归纳得到官方宣传案例的基层干部担当作为信息。

与此同时，本部分对基层干部担当作为的擘画还关注其具体行为逻辑，因而适宜选用定性研究方法进行探索性分析。资料搜集方面，本部分广泛搜集具有典型性的国家表彰先进典型基层单位、基层干部的案例，通过对案例材料的归纳总结来形成新时代基层担当作为的行为逻辑。具体地，全面搜集中共中央组织部主管“共产党员网”对国家表彰担当作为先进典型案例的相关报道，共形成了“新时代担当作为—基层组织和党员案例库”“新时代担当作为—地方典型经验案例库”“新时代担当作为—优秀干部先进事迹案例库”和“新时代担当作为—奋斗者案例库”4 个案例库，共计 65 个具体案例。本部分资料具体信息如下表 2.2 所示。

表 2.2 研究资料详细信息

案例库名称	案例数	总字数	案例对象	预留案例	举例
基层组织和党员案例库	5	9762	个体、组织	1	由勤奋青年到“折腾”村支书，他带领全村种“金果”走上致富路
地方典型经验案例库	8	16251	组织	2	山西运城“3 + 1”考评体系激励担当作为：干部作承诺干事有着落
优秀干部先进事迹案例库	40	71192	个体	8	干事办法多 遇事不推脱——记湖北枣阳七方镇党委书记程建胜
奋斗者案例库	12	13976	个体、组织	3	浙江余姚横坎头村：苦干实干 15 年“浙东红村”走出旅游农业致富路

分析过程方面，考虑到本部分涉及的资料来自多位主体，且研究目的在于归纳总结发现基层担当作为的根本行为逻辑，故适宜采用实证主义的定性研究范式（井润田、孙璇，2021）。本部分依照 Carney

提出的分析性抽象化阶梯的方式进行分析（迈尔斯、休伯曼，2008）。第一步，进行资料的摘要与包裹。本部分系统整理4个案例库中的全部案例文本，给文本编辑类目，完成资料编码，并进行田野速写保证在归纳资料时已经充分熟悉资料且已将所有资料纳入。第二步，进行资料的再包裹与汇集。分析得出案例库中所呈现的基层担当作为的整体逻辑，找出资料中的重点，并撰写分析备忘录。第三步，发展并检测命题，建立起解释架构。通过简化资料组来分析研究趋势，并建立起基层担当作为的解释性框架。分析完成后，本部分使用分析开始前预留的12个案例进行饱和性检验，探索是否有新的概念产生。研究结果发现，在对预留的12个案例进行上述三步分析时，并没有形成新的研究结论。这说明先前的分析已经形成了具有可靠性的研究结论。

三 担当作为的行为特征

1. 重视居民诉求

畅通居民诉求表达渠道。习近平总书记在视察军门社区时曾向社区党组织提出“三个如何”的要求，其中之一便是思考“如何让群众表达诉求的渠道更畅通一些”。在本部分选取的13个基层干部担当作为案例中，“榜样”基层干部均表现出了对居民利益诉求的高度关注，为通畅街道、社区居民的民意表达做出努力。一些基层干部建立了便于社情民意反映的长效机制。例如，被居民誉为“小巷总理”的林丹将每月10日定为社区的“居民恳谈日”（研究资料：LDFJ2021S02）；殷金凤先后探索运用了社区听证会、居民协商会、小区恳谈会等多个居民诉求反映模式，凡是涉及居民利益的问题，都发动居民充分表达自己诉求（研究资料：JFBJ2014S01）。诸多基层干部均结合自身所在街道、社区的现实情境探索民意反映的高效模式。

表 2.3　“期许”的基层干部担当作为

主要表现	具体内容	典型表述
重视居民诉求	畅通居民诉求表达渠道	殷金凤先后探索运用了社区听证会、居民协商会、小区恳谈会等多个居民诉求反映模式，凡是涉及居民利益的问题，都发动居民充分表达自己诉求（研究资料：JFBJ2014S01）
	主动了解居民现实诉求	王波要求其所在的社区做到“三个必到、五个必访”：居民有突发事件、不满情绪、大的家庭纠纷时必到，对困难居民、住院病人、下岗职工、孤寡老人、两牢释解人员必访（研究资料：WBHB2019O04）
	重视工作职责外居民诉求	林丹曾主动照顾起社区内的 8 名孤寡老人的饮食起居，并收留了无家可归的刑满释放人员，帮助其重新融入社会（研究资料：LDFJ2021S02）
想方设法回应居民诉求	坚持不懈尝试解决	魏建明在疏解整治批发市场时曾遭遇500 余家商户不配合的情况，经过挨家挨户夜以继日的协调，才最终换来了辖区内居民三十年来未曾有过的整洁与安宁环境（研究资料：JMBJ2018SS03）
	不惧多方压力	当开发商在小区违规施工，与居民长时间对峙后准备强行启动挖掘机时，吴亚琴第一个跳上铲斗，硬是将挖掘机拦了下来（研究资料：YQJL2014S09）
	巧用方法创新工作	吴亚琴整合多方资源建立了“三社联动”机制，通过社区、社会组织、志愿服务的有机结合来有针对性地帮助居民解决实际困难（研究资料：YQJL2014S02）
解决居民诉求问题成效突出	居民诉求问题得到有效解决	徐锦春倡导全街各级党组织和爱心组织，向全体党员和市民倡议认领“微心愿”，迄今为止已经成功满足了超过 100 个困难群众的心愿（研究资料：JCTJ2018SS03）
	居民生活整体更加积极阳光	林丹所在的军门社区流传着一句“只要哪里有困难，哪里就必定有我们小镇总理（林丹）的身影”（研究资料：LDFJ2021S02）

主动了解居民现实诉求。尽管“榜样”基层干部们为民意反映开辟

了便捷、高效的渠道，但仍有一部分居民出于各种原因不愿意反映自身诉求。除在畅通诉求反映渠道上做出努力外，“榜样”基层干部同样普遍善于主动观察发现所在街道、社区居民的现实需要。王波要求其所在的社区做到“三个必到、五个必访”：居民有突发事件、不满情绪、大的家庭纠纷时必到，对困难居民、住院病人、下岗职工、孤寡老人、两牢释解人员必访（研究资料：WBHB2019O04）。杜云在其所在社区疫情封控期间，着眼于居民基本日常生活保障难的现实，主动对接联系了大型连锁超市和社区周边的超市、药店（研究资料：DYHB2021S01）。“榜样”基层干部会主动了解所在街道、社区内居民遭遇的问题，并及时构思对策帮助解决。

重视工作职责外居民诉求。此外，“榜样”基层干部对自己工作职责以外的居民诉求同样重视。许多榜样干部为满足居民需要，维护居民合法合理权益，承担起了本职以外的工作。例如，林丹曾主动照顾起社区内的 8 名孤寡老人的饮食起居，并收留了无家可归的刑满释放人员，帮助其重新融入社会（研究资料：LDFJ2021S02）；王兰花主动联系专家会诊残障儿童、联系媒体筹集捐款救助白血病孩子、帮助居民申请廉租房，为改善社区居民的生活做出了巨大贡献（研究资料：LHNX2021S03）。总体而言，“榜样”基层干部对居民诉求的高度重视，不仅仅是为了完成自身工作，履行自身义务，而是真正把所在街道、社区内的每一位居民的利益置于高位。当居民提出问题时，他们积极倾听；当居民没有提出问题时，他们主动寻找；当居民遭遇街道、社区职责限制以外的问题时，他们同样重视。

2. 想方设法满足居民诉求

坚持不懈尝试解决。认真听取居民诉求后，“榜样”基层干部的担当作为同样体现在普遍会采取各种行动来满足居民诉求，确保居民权益得到保障。“榜样”基层干部的努力首先体现在对回应诉求问题的坚持不懈。一次解决不了，就尝试多次解决；一种方法解决不了，就尝试运用多种方法解决。每一位榜样干部都对回应居民诉求具有持之以恒的决心。针对社区边缘居民楼周边没有电路设施，居民多年看不上有线电视的问题，殷金凤数十次找到相关负责人沟通建设方案，才最终解决了这一难题（研究资料：JFBJ2014S01）；为改善街道辖区环境，魏建明在疏解整治批发市场时曾遭遇500余家商户不配合的情况，经过挨家挨户夜以继日的协调，才最终换来了辖区内居民三十年来未曾有过的整洁与安宁环境（研究资料：JMBJ2018SS03）。在满足居民诉求的过程中，许多榜样干部都曾陷入挫折与失败，但他们总是锲而不舍地做出尝试，直到将居民反映的问题彻底解决。

不惧多方压力。在自身具有持之以恒解决居民问题恒心的同时，要回应居民诉求，往往还需要基层干部承担巨大压力。这种压力一方面来源于基层干部的工作本身。面对复杂多变的工作，“榜样”基层干部常常不辞辛劳，甚至不顾自身安危。徐锦春曾带病24小时坚持在一线工作，连续一个月没有回家（研究资料：JCTJ2018SS01）；当开发商在小区违规施工，与居民长时间对峙后准备强行启动挖掘机时，吴亚琴第一个跳上铲斗，硬是将挖掘机拦了下来（研究资料：YQJL2014S09）。另一方面，压力往往也来源于基层干部家人的不理解。榜样干部从不借助职务为自身及谋求私利，例如刘伦堂曾立下家规“凡是社区的事，尤其是建设项目，家人一律不得插手”（研究资料：LTHB2014S03）；林丹曾不顾家人反对，执意将刑满释放青年接到家中居住，帮助他重新适应社会（研究资料：LDFJ2021S04）。抵住了多方压力，基层干部才得以做到担当作为。

巧用方法创新工作。除坚持不懈、顶住压力外，“榜样”基层干部格外重视运用巧妙、高效的方法解决问题。许多榜样干部在自身的工作过程中，逐渐探索出了适宜自身所在街道、社区居民现实需要的工作经验。吴亚琴整合多方资源建立了“三社联动”机制，通过社区、社会组织、志愿服务的有机结合来有针对性地帮助居民解决实际困难（研究资料：YQJL2014S02）；殷金凤带领社区两委探索建立了“一带四议多方联动”的社区治理机制，充分发挥了社区党委、居委会、社区组织、社区居民、驻区单位等多元主体的“合力”优势（研究资料：JFBJ2014S01）。类似地，其他榜样干部也各自提出了“135”社区党建工作模式、六步议事法等适宜自身街道、社区的先进工作方法（研究资料：LDFJ2021S、WBHB2019O02），这些做法极大提升了回应居民诉求的高效性。

3. 解决居民诉求问题成效突出

居民诉求问题得到有效解决。官方宣传案例中的“榜样”基层干部的担当作为还体现在对居民诉求的回应中取得了突出成效。榜样干部所在的街道、社区居民方方面面的诉求都得到了有效回应。吴亚琴所在的社区已经连续多年达到零犯罪、零辍学、零上访、零吸毒、零家庭暴力、零矛盾升级、零治安案件、零家庭就业动态的“八零社区”（研究资料：YQJL2014S02）。聚焦到每个居民个体，每一位居民的微小诉求也均得到了“榜样干部”的回应。许多干部都有调节居民矛盾卓有成效的经历（研究资料：YQJL2014S、SXCQ2014O、SXCQ2014O 等），徐锦春倡导全街各级党组织和爱心组织……迄今为止已经成功满足了超过 100 个困难群众的心愿（研究资料：JCTJ2018SS03）。仅仅具备了回应居民诉求的意愿，实施了回应居民诉求的行为仍是远远不够的，解决问题、取得实际效果同样是基层干部担当作为中不可或缺的一部分。

居民生活整体更加积极阳光。除成功解决居民难题外，“榜样”基层干部在回应居民诉求方面取得的成效还体现在居民生活整体性的幸福感、获得感、安全感的提高。在各个官方宣传案例中，均存在关于居民“因基层干部存在而感到幸福”的表述。榜样干部的担当作为为街道、社区居民营造了良好舒适的生活环境，解决了居民生活中的急难愁盼问题，让居民对生活更加满意。林丹所在的军门社区流传着一句“只要哪里有困难，哪里就必定有我们小镇总理（林丹）的身影”（研究资料：LDFJ2021S02），体现了居民对未来生活的自信。总体而言，官方宣传期许的基层干部担当作为侧重关注基层干部是否倾听、获取并成功回应、切实解决了居民的诉求。

四　担当作为的行为逻辑解构

1. 意愿：主观偏好与认同

意愿是基层干部个体担当作为行为的“缘起”。无论是个体自身相对稳定的价值判断，还是外部因素对个体担当作为的影响，都需要经由对干部意愿的影响进而改变其行为。具体来说，个体在担当作为之前会自发进行“担当作为与否”的价值判断，此时如果担当作为的意愿超过“不作为”的意愿，个体就会实施担当作为行为。国家表彰先进典型案例的干部往往具有强烈的担当作为意愿。这种意愿表现为“偏好”“认同”两种主要形式。首先是对担当作为的偏好，即在干部看来何种程度上自己“热爱担当作为”。通过对国家表彰先进典型案例的分析，许多基层干部担当作为均基于对为百姓服务强烈的热爱。在这种热爱的驱使下，基层干部得以在做到“敬业”的同时更进一步地做到“乐业”。拥有博士学历却放弃在他人看来更加舒适、优渥的工作，投身街道一线的广州市海珠区赤岗街道党工委书记赵虎表示自己“能够为群众做好一件事，很快乐”（研究资料：GDGZZH32）；南京市委常委、江宁区委书记李世贵也在区县委书记的岗位上奋斗 10 年而初心不改、激情不减，始终带着饱满的工作热情应对工作中的每件小事（研究资料：XZMZSG36）。对为群众办实事的热爱是基层干部担当作为强大的助推力，是基层干部担当作为意愿的重要来源。

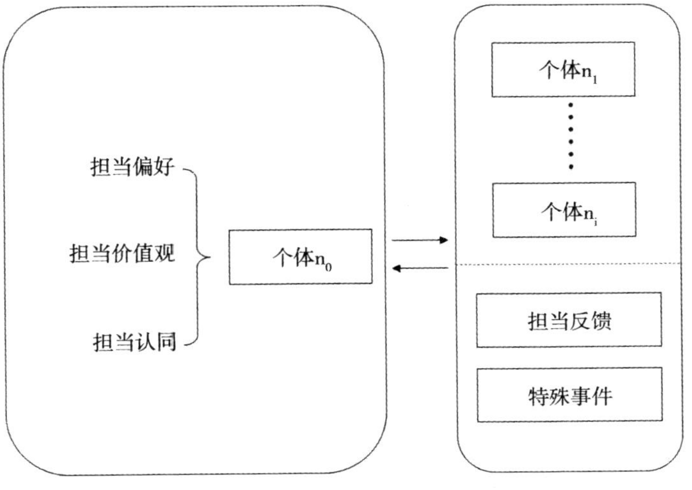

图 2.1　基层干部的担当作为意愿

与此同时，干部的担当作为意愿也表现在对担当作为的认同。即在干部看来，自己在工作岗位上担当作为是否是有价值、有意义的。案例中的干部们并不仅仅认为担当作为是实现自己人生价值、获得人生乐趣的过程，更认为担当作为是自己的职责所系。在国家表彰的先进典型案例干部中，有干部明确提到“责任就是担当，落实责任必须一丝不苟，做事马马虎虎必将一事无成”（研究资料：LNTLSW38），强调必须保质保量完成日常工作。另一些干部在日常工作中了解到人民生活的实际情况，切身感受到部分人民所遭遇的苦难，并从中更加坚信自己担当作为的意义所在“这两年我去的都是最穷最苦的地方。可即便是一贫如洗，老百姓也想留你做客，给你煮土豆。有这么善良、淳朴的群众，如果不努力，我会问心有愧”（研究资料：SCLSZY30）。许多榜样干部均提到，尽管不同干部在能力上有高有低，但在担当作为的意愿上，都应当尽最大努力为人民办实事。例如宁夏回族自治区青铜峡市委副书记杨春燕指出，“人的能力有高低，但是责任心没有高低，有多大力出多大力”（研究资料：NXQTCY08）。

基于“责任心没有高低”的观点，部分干部在履职的基础上，更进一步地认识担当作为是将以符合百姓利益的各种工作为己任，无论这种工作是否在自己的工作职责之内。湖北枣阳七方镇党委书记程建胜表示“组织派我来就是干事的”，调任镇党委书记以后，他积极推动满足辖区群众各个方面的生活诉求，尽最大努力实现人民利益。七方镇流传着一句顺口溜：“政策通、办法多，遇事只揽不推脱”，便是党委书记程建胜的真实写照（研究资料：HBZYJS01）。无论是基层百姓的大事还是小事，他都挂念于心，并能付出实际行动积极推动解决。部分基层干部意识到自己处于“领导”的相对位置，其一言一行均会对下属起到示范作用，因此在担当作为方面往往更加严格要求自己。例如甘肃省甘南州副州长、合作市委书记刘永革表示，“书记的职责就是带头干。你怎么样，干部看着你；你干得好，干部跟着你；你干不好，干部跟你学”（研究资料：GSGNYG09）。他们不仅认识到自身担当作为的意义，也认识到自己对担当作为的认同会影响到下属对担当作为的认同，进而更加深化自己担当作为的意义感。

尽管干部的担当作为意愿具有两种不同的表现形式，但在实践中，干部的担当作为意愿往往兼具偏好与认同。敬业者往往乐业，反之亦然，只是在现实中偏好与认同中的某一方面往往对于促发担当作为行为发挥了更为重要的作用。但无论是基于担当作为偏好，还是担当作为认同，都能成为激发干部担当作为不竭的现实动力。这种动力归根结底在于基层干部自身的人民立场，只有意识到自己“要为百姓做实事”，发自内心将人民的利益置于心目中的崇高位置，干部才会对担当作为迸发出坚定的信念，去克服担当作为过程中可能遇到的种种阻滞挑战。南京市委常委、江宁区委书记李世贵表示，“就看出发点是为谁担当，是不是为了百姓的利益？想清楚了腰杆就直！”（研究资料：XZMZSG36）心怀人民的基层干部往往能做到“敢于负责、勇于担当”，具备担当作为的意愿“志气”。

2. 能力：获得与可调动的资源

在对“担当作为与否”进行权衡后，如果具备了充足的担当作为意愿，干部就会自发进行担当作为实践的尝试。然而现实中，部分干部的担当作为过程相对顺利，而另一些干部则遭遇重重阻滞。通过对国家表彰先进典型案例的分析可以发现，这主要是由于基层干部担当作为能力的不同。做到担当作为的干部，往往不仅“敢于负责、勇于担当”，更“善于作为”，能够充分调动起自身所能调动的不同类型资源来最终实现担当作为。具体如图 2. 2 所示，基层干部可以使用的资源包括两种，即自身通过各种形式拥有的“自有资源”与干部可以通过社会影响力来间接调动的“可控资源”。只有能充分调动各种形式资源，为人民创造价值的干部才可能最终实现“担当作为”。

基层干部想要担当作为，首先要使用自身所能控制的自有资源。基层干部的自有资源首先体现在包括自身性格、能力、知识在内的各种个人特质，这些特质是促使基层干部由“想干事”到“干成事的重要基础”。例如拥有博士学历却甘愿扎根街道一线，事无巨细地为百姓排忧解难的街道书记赵虎善于在工作中推动创新，先后建立了红棉清风守护

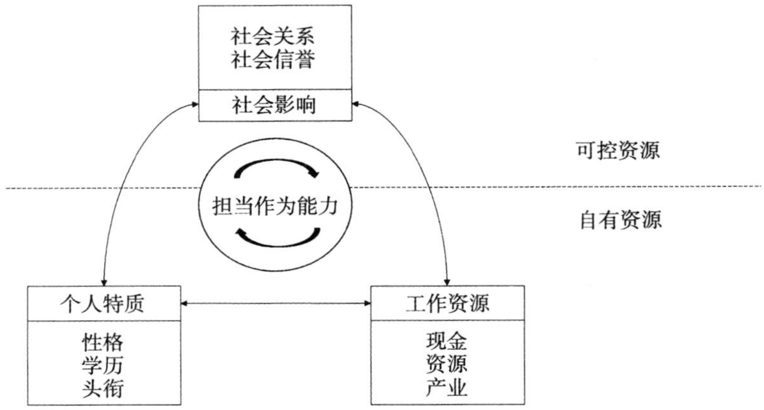

图2.2 基层干部的担当作为能力

队、“303”工作室、法德同行工作室等14个基层党建品牌（研究资料：GDGZZH32）。湖南省怀化市溆浦县北斗溪镇党委书记梁金华在工作中充分发挥了自身性格细致的优势，在推进扶贫产业项目过程中，她注意到车间蓄粉池的底部被设计得平整光滑的细节，要求工人们改成凹槽，使得粉池吸得更干净，避免浪费，池底也更加卫生（研究资料：HNHHJH24）。在职责岗位上充分发挥个人才干，运用自身的知识、能力、技能等方面解决基层工作中面临的实际问题，是突破基层干部担当作为“能力”层面阻滞的关键。

除个人自身特质以外，充分运用自身岗位所提供的资源也是重要的担当作为能力。湖南永州市委常委、江华县委书记提出“位置偏远也是优势”，认为其所在的江华县尽管离省会长沙远，但是离广东省近，可以主动承接珠三角产业转移，进而在受地理位置偏远影响长期难以吸引企业的江华县成功做到“化劣势为优势”，形成了推广至各地的“江华经验”（研究资料：HNYZJH25）。部分干部能坚持创新、协调、绿色、开放、共享的新发展理念，例如陕西省延安市委副书记、市长薛占海摒弃传统能源路径依赖，依托互联网技术发展新经济、新业态，培育新的经济增长点（研究资料：SXYAZH29）；罗建华在工业发展中坚持“凡是污染环境的项目，一个不引；凡是浪费资源的项目，一个不要；凡是不符合国家产业政策的项目，一个不上”（研究资料：HNYZJH25）。能准确认识到自身岗位上可以运用哪些资源，并能通过恰当的方式运用这些资源，最终成为服务人民、惠及百姓的现实动能，也是基层干部担当作为能力的重要组成部分。

另一方面是调动可控资源的能力。可控资源指基层干部并非在物质上直接拥有，却可以通过自己各种形式的社会影响力来间接调动的资源。可控资源一方面体现在是社会关系，即通过那些在现实中与自己相识的居民以及参与基层治理其他主体所发挥的影响力。新疆阿瓦提县县长吾布力喀斯木·买吐送在民族分裂势力、宗教极端势力、暴力恐怖势力威胁地方安全时，充分发挥自身影响力，公开发表《致维吾尔族同胞觉醒书》，努力维护了国家统一、民族团结（研究资料：XJAWTS03）。另一方面则体现在社会声誉。即通过个人的工作业绩、口碑等方式赢得的辖区居民以及基层治理其他主体的信任。云南省羊拉乡党委书记立青农布做事公道，深受当地群众信赖，他用通俗的藏族语言来宣传政策，与群众交流时不厌其烦，要讲到所有人都明白，许多居民对他推行的治理方案深切信服（研究资料：YNDQNB10）。具有良好社会关系、社会声誉的基层干部，其在担当作为过程中更易于达成担当作为目标。

综上所述，基层干部倘若想要担当作为，需要具备调动自有资源、可控资源两种资源而“善于作为”的能力。在现实中，基层干部往往有多重角色身份，作为条块关系末端各项政策的最终实现者，基层干部自身需要具有完成工作所需的个人素质；而作为委托—代理下基层政府与服务对象要求的代表，基层干部又有调动许多来自单位及周边情境可控资源的能力。该如何培养基层干部的两种担当作为能力，又该如何约束基层干部防止其滥用担当作为能力，将是现阶段基层干部管理的新的重点。

3. 情境：各层次环境影响

在具备了担当作为的主观意愿，并获得了客观资源条件的支持以后，基层干部要最终实现担当作为还需要突破环境的限制（如图 2.3）。首先是微观层面的情境，基层干部要做到担当作为，最为直接地受到来自所在单位环境的影响。而具体到单位中，单位环境对基层干部的影响又可以进一步划分为职务要求、工作环境两个方面。职务要求是指基层干部的岗位职责对其担当作为行为的约束。枝城镇贯彻落实中央、省、市有关意见，鼓励干部积极作为、敢于担当，树立“以实干论实绩，从实绩看德才，凭德才用干部”的鲜明导向（研究资料：HBYDZC41）。而工作环境是指单位中其他个体对基层干部担当作为行为的影响，单位中的领导、同事是否积极主动担当作为，会对干部的担当作为与否产生较大影响，这一部分已在担当作为意愿部分进行了较为详尽的阐释。

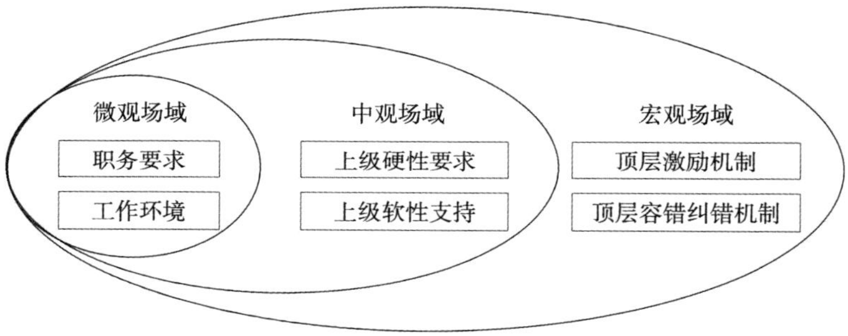

图 2.3 基层干部的担当作为情境

在基层干部所处单位职务、工作环境的基础上，更进一步对其担当作为行为产生影响的是上级政府部门情境。在我国压力型政府体制下，一方面是上级硬性要求。例如明确规定对不担当、不作为的干部进行降职或免职处理。江西井冈山管理局党工委书记提出“让有担当的干部上，不作为的干部下”（研究资料：JXJGLH22），晋江市委书记刘文儒在全市推行“不叫不到、随叫随到、服务周到、说到做到”的准则（研究资料：FJJJWR26），这些来自上级政府的政策压力为基层担当作为提出了鲜明要求，有效推动了基层担当作为的实施。浙江省湖州市市长钱三雄规定，市政府每季度开展“低效能”候选部门评选，由基层干部、企业家代表等多层面 100 名代表无记名投票，多位政府部门负责人表示，普遍感觉到压力比较大，每天要思考如何推进改革，不解放思想就只能换岗（研究资料：ZJHZSX16）。另一部分是上级软性支持。领导者对担当作为的提倡，往往是基层干部担当作为的政治土壤。山东省新泰市委书记刘钦海格外重视担当作为环境建设，他表示“无论是招商引资、生态保护还是放管服改革，正是由于新泰市形成了担当作为的土壤，才实现了突飞猛进的变化”。下属刘燕表示，“刘钦海的带头担当，既满足了群众办事需求，也解决了政务中心工作人员的困难”（研究资料：SDXTQH34）。对基层干部所在单位直接领导的上级政府的硬性要求、软性支持，会给基层干部的担当作为形成一定压力，促使他们积极主动担当作为。而缺乏了这样的要求和支持，干部就更容易偏向怠惰。

在更为宏观的层面发挥作用的则是省级政府，乃至党中央、国务院设计的担当作为激励机制和容错纠错机制。中共中央办公厅《关于进一步激励广大干部新时代新担当新作为的意见》印发后，各地省级政府也相应建立起了符合自身省内实际情况的担当作为激励机制、容错纠错机制。从基层干部的视角出发，这些机制均可以被视作来自顶层的担当作为机制。一方面是顶层激励机制，通过在中央、省级政府层面建立对担当作为型干部的奖励办法，通过外在因素激励干部投入担当作为。2017年初，福建省委组织部在全国率先研究出台《关于进一步激励各级干部担当尽责提升干事创业精气神的若干意见》，同时，配套制定《关心关爱基层干部二十条措施》等制度文件，从选人用人导向、考核管理机制等方面作出具体规定（研究资料：FJNPJY48）。另一方面是顶层容错纠错机制，只有具备了完善的容错纠错环境，基层干部才能够放心地担当作为，而不必顾虑担当作为可能为其自身招致的负面影响。例如济南制定出台《关于建立党员干部纠错机制的实施办法（试行）》，提出对容错办法免于问责的工作失误或无意过失，及时予以纠错，并明确了启动纠错、发送通知、谈话教育、督促整改、完善制度 5 项纠错程序和方式（研究资料：SDJNLX47）。顶层设计方面的担当作为激励机制和容错纠错机制是决定干部担当作为与否的重要环节。

4. 结果：往复激发担当作为的新动力

最后，倘若在担当作为过程中取得实绩，能够继续激发担当作为意愿，形成新的担当作为的良性循环。许多先进典型案例干部均表示自己在担当作为中“有获得感”“有成就感”，而这些获得感、成就感则成为了往复激发干部担当作为的新的动力。山东省新泰市委书记刘钦海也曾直言“经济更强、百姓更富、城乡更美，文明程度更高，党政干部更担当。”（研究资料：SDXTQH34）与此同时，基层干部担当作为取得实绩，也是对其他基层干部的一种激励。北京市西城区展览路街道工委书记魏建明经过不懈奋斗，顶着来自各方的重重压力拆除了影响人民正常生活的违章建筑。上级区领导带领其他基层干部前来观摩时直言：“再难能多难，月坛北街的违建都能拆，你们还有什么不能干的?”（研究资料：BJXCJM27）。与此同时，同样存在部分基层干部担当作为的失败经历，可能在部分程度上减少干部的担当作为意愿。在担当作为之后，对担当作为结果正确审视、客观看待，是对每一位基层干部而言所要着重反思考虑的内容。

五 担当作为的“新·褒禅山”行为逻辑模型

1. “意愿—能力—情境—结果”的行为逻辑

《游褒禅山记》有云：“世之奇伟、瑰怪，非常之观，常在于险远”，并对达到“非常之观”过程中遭遇重重阻碍，而最终无法成行的原因做了详细阐释（如图 2.4）。基层干部担当作为的行为逻辑也正类似这样一种“新·褒禅山逻辑”，并且体现了根植于中国文化的中国情境特征。基层干部担当作为，首先需要具有担当作为意愿，即“非有志者不能至也”。这种意愿既可能来自干部对担当作为的偏好，也可能来自干部对担当作为的认同，而多数时候，二者往往共同发挥作用。当基层干部具备了担当作为之“志”，才能进入到下一个环节中对其担当作为能力的考验。具有担当作为意愿，并且没有受到单位中其他干部消极、怠惰的影响而停止担当作为的干部，其中“力不足者”，同样不能至于“担当作为”。基层干部的能力相对广义，而本部分所探讨的担当作为能力，主要指获得、调动资源的能力，这些能力一部分是自有资源，即基层干部个体自身以及属于其工作岗位限度内的“力”，这包括了基层干部性格、学历等个人素质特征，也包括单位资金、物料等可以调动的资源。此外还有基层干部在工作时遭遇“幽暗昏惑”可以借物“以相之”，指调动自身社会关系和社会资源等外部可控资源的能力。辖区内的居民是否信任基层干部，是否愿意向基层干部反映问题，同样是担当作为得以成功的重要因素。

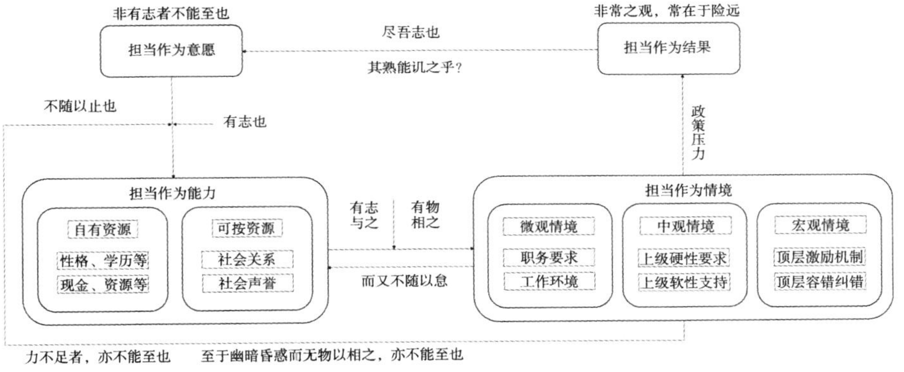

图 2.4　新时代基层担当作为的“新·褒禅山逻辑”

在基层干部兼具担当作为的意愿、能力以后，对个体担当作为造成影响的还有个体所处的担当作为情境。不同于《游褒禅山记》中仅仅只为行路者带来阻滞的情境，现实中基层干部担当作为的情境并非完全都是“幽暗困惑”的阻碍因素，也包括促进因素，是一种“新”的褒禅山逻辑。具体来说，基层干部处在执行层面的基层，他们同时面临所在单位的微观情境、上级政府的中观情境以及顶层政府的宏观情境三个层次的情境因素影响。单位的职务要求、工作环境，上级的硬性要求、软性支撑，以及顶层的激励机制、容错纠错机制的建立，均会对基层干部的担当作为产生影响。

在担当作为尝试完成后，既可能迎来成功，也可能遭遇失败。成功的担当作为激励往往会加深基层干部的担当作为意愿，促使其投入到新一轮的担当作为中；而失败的经历则可能在部分程度上减少干部的担当作为意愿。不过，正如《游褒禅山记》中所指出，“然力足以至焉，于人为可讥，而在己为有悔；尽吾志也而不能至者，可以无悔矣，其孰能讥之乎？”此时基层干部应该正视自己的意愿、能力和情境，对自身条件做出客观分析，以便之后更好地投入到新的担当作为中。

2. 行为逻辑的理论解释

中国传统文化往往在潜移默化中深刻影响、形塑了基层干部的行动逻辑过程。理解新时代基层担当作为的“新·褒禅山逻辑”，首先要从基层干部个体的观念入手，进而理解其完整的行动逻辑。其一，中国传统文化中对“心怀天下”“忧国忧民”的政治抱负素来重视，认为人的个人价值在很大程度上必须借由从政来实现，也正因此，中国的基层干部多自发具有较为强烈的担当作为意愿，热爱担当作为并认同担当作为对个体、对国家的总体价值，其中对担当作为意义的认同应更强于对担当作为的热爱。其二，集体主义文化传统根植于中国基层干部的精神血脉之中，相较于个体表达，基层干部更倾向于参与集体表达，情境中其他个体对单个个体的影响尤为明显，因此，在影响基层干部担当作为的各层次的情境要素之中，处于微观层次的基层干部所处的具体单位，对于基层干部担当作为行为生成的影响最突出。其三，中国传统文化中“关系社会”的文化底蕴相对比较深厚，许多情形下干部仅仅依靠自身的素质、技能和资源仍难以成事，基层干部在担当作为过程中合理运用自身的社会影响力，对担当作为最终的成型影响深远。

其次，鲜明的时代特征同样是塑造“新·褒禅山逻辑”的关键。中国共产党是理解新时代中国政治的“锁钥”，中国共产党的领导是中国特色社会主义政治制度的根本优势，也是最鲜明的时代特征。党的政治领导融合、嵌入到全部的政治过程中，对政治个体的行为逻辑产生了不容忽视的影响。其一，中国共产党“人民至上”的政治主张深刻影响到基层干部，特别是基层党员干部的具体行动。党的宗旨是全心全意为人民服务，许多基层干部能深刻认识到这一点，因而能自发主动地将维护最广大人民的根本利益纳为己任，自觉将一些尽管不在自身岗位职责之内，却同样符合人民利益的行为纳入到自身的行动逻辑之中。其二，中国共产党高度重视“自我革命”这一跳出历史周期律的关键路径，在基层干部担当作为所涉及的从微观到宏观等各个层次的情境中，党对担当作为的激励、要求贯穿始终，对担当作为者的激励与对不作为者的惩戒均鲜明突出。中国的政治体制努力为基层干部营造一种放心担当、大胆作为的情境，给予基层干部担当作为更多的是积极影响而非阻碍。

六　研究结论

本节主要考察了基层干部担当作为的特征与行为逻辑，并尝试提出基层干部担当作为的“新·褒禅山模型”，发现基层干部担当作为的具体逻辑正类似于《游褒禅山记》中作者所述历经险远探寻世上“奇伟瑰怪”的逻辑。基层干部担当作为往往需要经历并突破担当作为意愿、能力、情境以及结果四个环节，必须克服重重阻滞方能到达。行为的生成首先需要意愿的促发，即从个体价值判断出发，愿意将个体价值融入公共价值，进而自觉主动地担当作为。基层干部的担当作为意愿可能产生于担当偏好或担当认同，即认为担当作为“有意思”或“有意义”，进而产生出实施担当作为行为的基础。

对基层干部而言，在意识上勇于担当、敢于负责尚不足够，还要具备“善于作为”的能力方能“实绩突出”。这里的善于作为即干部采用恰当方法有效地担当作为。基层干部的担当作为能力实质上是一种调动各种资源以实现公共价值目标的能力，具体包括充分运用好自有资源、调动可控资源两种能力。此外，担当作为时所处的情境也对担当作为产生明显影响。如果说基层干部担当作为的意愿、能力更多由基层干部自身决定，情境则更体现出外部要素的影响，也就是“无物以相之，亦不能至也”。从由上到下的视角来看，党和国家对于激励基层干部担当作为的政策方针在对各级担当作为情境的塑造都起到最为重要的作用。

最后，基层干部的担当作为也取决于如何看待担当作为结果。在基层干部决定实施担当作为行为时，就不可避免地面临成功或失败的最终结果，而且这种结果往往并不一定在短期内就能体现。许多为民服务、为民工程的生效存在滞后性，在短期内可能被认为无用甚至引起对自身的负面影响，但却在长远角度上来看真正维护了服务对象利益，实现了公共价值生成。如何正确看待担当作为结果，并做好长期与短期效益之间的平衡，需要广大基层干部悉心思考。

第二节　担当作为的认知差异：与实地调研的对比

在上一节总结党和国家自上而下宣传的“榜样”基层干部担当作为行为特征和逻辑的基础上，本节考虑到基层干部在实践中自我的摸索与官方期许可能存在认识差异，并导致基层干部可能无法达到党和国家层面的期待。因此，有必要探明官方宣传、干部自身理解的担当作为内涵，发现差距并探寻如何弥合“期许”和“实际”间的沟壑。

一　研究背景

党的二十大报告中强调，“发挥党和国家功勋荣誉表彰的精神引领、典型示范作用”。为了引领基层干部担当作为，党和国家通过官方媒体着力于宣传典型担当作为的基层干部“榜样”，代表了党和国家的期许。不过，对于现实的基层干部而言，部分基层干部实际对担当作为也认识模糊，缺少具体化的理解，严重缺少担当作为的实际努力方向。面对这一情况，一方面，本部分通过实地调研归纳基层干部的所思所想，有助于形成对干部群体担当作为的精细化认识，进而弥补现有研究对“担当作为”界定不明的局限，为后续研究夯实现实基础。另一方面，本部分在判断了解基层理解和上级宣传差距的基础上，能够将上级宣传结果更有效地“渗入”基层，有助于帮助广大基层干部找准前进方向，探明自身行为与国家期待之间的差距，从而在工作中更好地进行自我规范，真正发挥“榜样的力量”；同时也可以为政府部门激励基层干部担当作为提供方向和思路，从而有针对性地教育、培养基层干部担当作为。

二　研究设计

本节前往L省D街道进行深入访谈调研，系统访谈了街道及下辖四个社区从街道书记、职能部门负责人到社区书记、社区工作者在内可接触的全部基层干部，共31人（如表2.4所示）。L省D街道覆盖范围较广泛，下辖的五个社区既包括地处市区的现代社区，又包括靠近城郊，管理多个老旧小区的传统社区，具有较好社区样本的适宜性。由于担当作为话题具有明显的社会称许性，为保障访谈结果可靠，本部分的研究先从不涉及敏感性的话题开始热身，如询问基层干部平常的阅读偏好、习惯，拉近与访谈者之间距离后，再开始担当作为访谈。访谈资料的处理分析具体流程同前文。

表2.4　**实地调查受访者信息一览**

属地	受访人	年龄	工龄	编号	属地	受访人	年龄	工龄	编号
KH	I	49	28	KHRL4928	KE	II	48	18	KEXH4818
KH	II	40	18	KHXM4018	KE	III	40	13	KEJJ4013
KH	III	50	26	KHDF5026	KE	IV	35	12	KEJP3512
KH	IV	42	23	KHYZ4223	KE	V	43	16	KEXM4316
KH	V	40	18	KHYJ4018	KE	VI	35	10	KEYW3510
AY	I	38	12	AYYW3812	YZ	I	38	10	YZMB3810
AY	II	40	13	AYWQ4013	YZ	II	45	18	YZRZ4518
AY	III	43	23	AYZH4323	YZ	III	30	9	YZYY3009
AY	IV	40	18	AYYZ4018	YZ	IV	37	13	YZQF3713
AY	V	37	9	AYXL3709	YZ	V	36	11	YZYJ3611
IQ	I	35	7	IQPP3507	TH	I	36	13	THJB3613
IQ	II	32	9	IQCF3209	TH	II	34	9	THXL3409
IQ	III	35	11	IQCR3511	TH	III	36	9	THWQ3609
IQ	IV	45	16	IQMJ4516	TH	IV	40	13	THXL4013
IQ	V	38	7	IQWR3807	TH	V	34	8	THLJ3408
KE	I	37	18	KEGJ3718					

分析完成后，为确保研究资料的饱和性，本部分另行前往C省进行补充调查，共计访谈了C省K街道5个社区的共计19名基层干部，补充调查访谈样本基本信息如表2.5所示。C省K街道的5个社区中同样既包括现代化水平较高的社区，也包括近年刚经过“村改社”、各方面基础设施尚未达到完善的社区，补充调查样本同样具有适宜性。研究发现，补充调查阶段得到的资料与之前已经呈现重复的状态，说明先前的调查已经达到数据饱和。

表2.5 补充调查受访者信息一览

属地	受访人	年龄	工龄	编号	属地	受访人	年龄	工龄	编号
LA	I	53	35	LAMH5335	TY	I	34	12	TYYP3412
LA	II	35	13	LALY3513	TY	II	30	12	TYYC3012
LA	III	37	15	LALY3715	TY	III	24	4	TYCP244
LA	IV	34	12	LAYX3412	TY	IV	29	5	TYYL295
LA	V	46	31	LAYH4631	TY	V	22	2	TYCY222
OS	I	34	12	OSYL3412	TY	VI	35	15	TYLS3515
OS	II	43	21	OSFL4321	UL	I	47	25	ULZY4725
OS	III	50	30	OSXF5030	UL	II	38	16	ULYL3816
OS	IV	41	19	OSLP4119	UL	III	35	13	ULJL3513
OS	V	38	18	OSXQ3818					

三 “实际”与“期许”的距离

不同于官方宣传视角下的担当，作为着眼居民实际需求，聚焦“居民需要我做成什么”，实地访谈中基层干部所理解的担当作为侧重“工作要求我去做什么”，更加关注自身是否按照职位所赋予的责任重视并完成了工作。访谈发现，绝大多数受访基层干部认为完成好职责所系、领导交办自己的各项工作，“把工作要求我做的完成好”即为担当作为，“担当作为就是干好自己的事情，完成好本职工作”（访谈资料：OSXF5030）、“就干好本职工作，干好本职工作就行了…做到各司其职

（访谈资料：KEXH4818）”。基层干部们认为要做到“担当作为”，既需要意识上对工作职责的重视，也需要实际行为上对工作职责的履行。

1. 重视工作职责

熟悉工作要求。基层干部们认为担当作为需要对自己的工作内容非常熟悉，知道单位的总体任务目标，以及对应到自己日常应例行完成哪些工作“对咱们基层今年提出的问题，你能及时解决，把我们这个问题解决掉，自己所干的工作你积极认真，我就觉得你是担当作为的”（访谈资料：IQCR3511）。部分基层干部身兼多职，例如既是社区中的干部，又是负责几栋居民楼的网格员。不同的职位赋予了他们不同的工作职责。能够认清自己在每种职位上的角色定位，熟知自己的工作要求与职责是担当作为的重要体现“我觉得我们有几重身份，比如我们是网格员，我们都有分管的几栋楼，这些居民的大小事情你得管……这就是你的一块工作……同时你是社区的工作人员，你得把你负责的这一块工作干好”（访谈资料：YZYY3009）。与此同时，担当作为需要基层干部熟悉工作内容的同时，也熟悉该如何做好自己的日常工作“比如说残疾人工作，申请低保的……那这一部分人的话，你要给他多的那种关怀，然后多宣传国家政策，然后让他多去了解国家政策，然后他能够尽量的享受国家政策，其实也是一种担当，一种责任”（访谈资料：LAYH4631）。只有非常熟悉自己“负责了什么工作”“该怎样完成自己负责的工作”，干部才能称得上担当作为。

领导交办不推辞。意识上对工作职责的重视还体现在对待上级领导交办的工作不推辞，能够积极主动接受。尽管基层干部从事大量常规、重复的例行工作，但仍存在许多由领导交办需要依据具体情况来具体应对的工作，完成这些工作同样重要。“担当作为，我就从工作这一方面说，比如说上级业务部门给你下达发配工作任务，你首先要无怨无悔地支持”（访谈资料：AYYZ4018）、“领导安排说要我干的必须干好，自己的工作干不好肯定说不过去”（访谈资料：KEXM4316）。街道、社区工作繁重且复杂，常常出现人手不足的情况，上级领导时常会向基层干部分配超过其日常工作内容，但同属于街道、社区负责的任务。在此情况下，能做到对领导交办不推辞，无怨无悔接受任务同样是基层干部所理解担当作为的重要体现“可能领导有时也会分配一些额外的工作，对吧？既然领导分配了，你就要努力干好，我觉得这就是担当……你不能跟领导说，这一块不是我的我不干，我觉得也不是担当”（访谈资料：AYYZ4018）。熟悉工作要求，对领导交办不推辞是基层干部所理解担当作为在意识上的具体体现。

2. 履行工作职责

克服工作辛劳。受访干部表示，除在意识上重视工作职责以外，基层干部担当作为的进一步体现是在行为上履行工作职责。然而，对于“上面千条线，下面一根针”的基层治理工作，基层干部往往承受着极为沉重的工作负担。克服工作辛劳也要完成任务是基层干部们所认为担当作为的重要体现。为完成好工作，在高强度的工作内容下加班加点已成为许多基层干部面临的常态“现在星期天都经常加班了，终于周六能休息了。加班是个常态，我也没办法，事情就在那里摆着”（访谈资料：THJB3613）。当街道工作呼唤时，无论何种情形下，担当作为的基层干部都会义不容辞地迅速投入工作“当时是大年三十的上午，街道这边紧急召开通知，按道理那个时候应该是放假了……我就赶紧回家去把我家小孩、我父母给载到离城区一个小时路程的乡下，然后我又返回来了，就投入工作了，开始安排咱们疫情防控的工作”（访谈资料：OSYL3412）。然而，基层干部们所理解的克服工作辛劳更多是一种履行工作职责的“蛮劲儿”，单一注重为完成工作所做的投入，而缺乏对完成好工作的“想方设法”，也并未对取得的结果怎样足够重视。

顶住外部压力。在基层干部履行工作职责的过程中，需要频繁与基层治理所涉及的上级政府、企业、社会组织等多元主体“打交道”，不可避免地面临不同主体之间的诉求冲突。很多街道工作开展受到来自外部主体所施加的压力影响，并非干部只要发挥主观能动性就能顺利进行。受访基层干部认为，顶住外部压力来履行工作职责是基层干部担当作为的重要体现。“去年一年就把水权那个事情解决掉了，还是他敢推。当时好多人找他，上面的、外面的，乱七八糟……一般人承受不了压力就崩溃了，就是他心理素质好”（访谈资料：AYWQ4013）。特别地，有些基层干部的上级领导本身就是其所在街道、社区的居民，部分干部可能出于触动领导利益、畏惧领导报复而不敢于履职。基层干部们认为，在可能触动领导利益的同时仍能顶住压力、坚守原则，努力把自己的工作职责履行到位是担当作为的重要体现，“有些居民反映事情来一看涉及什么了，涉及某某领导了，就不敢去做了，不敢说公道话。不管你是哪里的领导，你是我自治区辖区里的居民对不对？确实领导也是住这里的，他也是我辖区的居民……错的就是错的，这样才行”（访谈资料：OSLP4119）。

职责所在地为居民办实事。少部分基层干部跳脱出了完成领导交办任务的“履职”局限，加入了居民视角，认为担当作为是在职责范围内努力为居民“办实事”，这一点与官方宣传案例中对干部担当作为的理解更加近似。“作为街道社区干部，我觉得主要的第一点就是站在老百姓的角度，替他想他需要什么样，需要办理什么，然后我们再尽力量的帮他办好每一件事情”（访谈资料：OSXQ3818）。但是，多停留在是否回应了社区内居民的诉求“不管你是说老百姓向你反映了什么事情，你得去给他落实……就算说不是我们这个层面的，你也得尽自己的能力去把它给反映上去，等等别的部门回复”（访谈资料：OSYL3412），落实内容还是自身的工作职责，向上反映问题之后的主动性则有限。基层干部所理解的担当作为往往停留在尝试的阶段，缺少官方宣传案例中干部“想方设法”的韧性。

值得注意的是，不同于官宣案例中榜样干部在解决居民诉求问题中取得了突出成效，现实中基层干部似乎缺乏对担当作为结果的重视。中组部明确提出“实绩突出”的干部担当标准，官方宣传案例中的“榜样”基层干部都通过担当作为使得所管辖街道、社区内居民诉求问题得到有效解决、居民生活整体更加积极阳光。而在访谈中谈及对担当作为的理解，几乎全部基层干部只是强调“做没做”，而并未谈及“做没做成”“做没做好”。缺乏对担当作为结果的充分重视，是现实中基层干部距离“榜样”的又一差距。

表 2.6　“实际”的基层干部担当作为

主要表现	具体内容	典型表述
重视工作职责	熟悉工作要求	我觉得我们有几重身份，比如我们是网格员，我们都有分管的几栋楼，这些居民的大小事情你得管……同时你是社区的工作人员，你得把你负责的这一块工作干好（访谈资料：YZYY3009）
	领导交办不推辞	可能领导有时也会分配一些额外的工作，对吧？既然领导分配了，你就要努力干好，我觉得这就是担当……你不能跟领导说，这一块不是我的我不干，我觉得也不是担当（访谈资料：AYYZ4018）
履行工作职责	克服工作辛劳	现在星期天都经常加班了，终于周六能休息了。加班是个常态，我也没办法，事情就在那里摆着（访谈资料：THJB3613）
	顶住外部压力	去年一年就把水权那个事情解决掉了，还是他敢推。当时好多人找他，上面的、外面的，乱七八糟……一般人承受不了压力就崩溃了，就是他心理素质好（访谈资料：AYWQ4013）
	职责所在地为居民办实事	不管你是说老百姓向你反映了什么事情，你得去给他落实……就算说不是我们这个层面的，你也得尽自己的能力去把它给反映上去，等等别的部门回复（访谈资料：OSYL3412）

四　研究结论

通过本节探究，可以发现榜样基层干部与现实中多数基层干部对于担当作为特征的理解差距如下图 2.5 所示。第一，意识层面，榜样干部与现实干部同样强调履职，要求做好本职工作。“重视居民诉求”与“重视工作职责”在现实中并不冲突，因为街道工作的本身目的也是回应居民诉求。只是榜样基层干部更多以居民的直接需求为出发点，主动了解民情；而现实中基层干部则更多依赖上级领导对民情的理解，专注于完成领导分派的工作任务，主动性上相对欠缺。

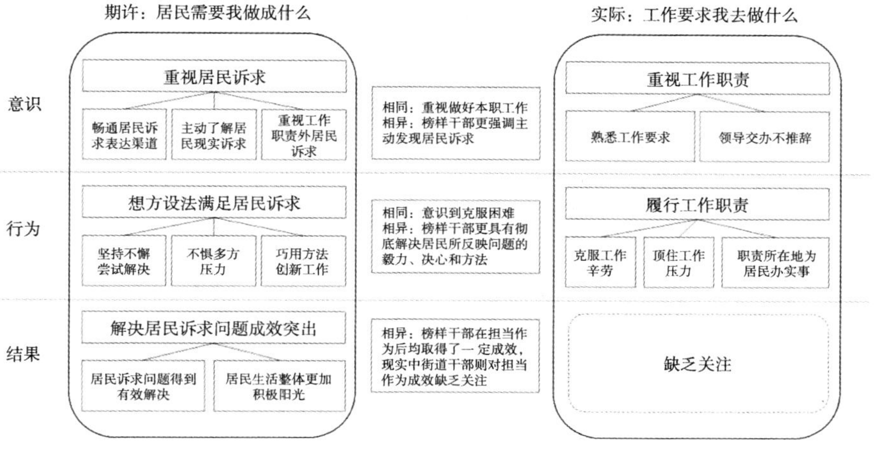

图 2.5　“期许”与“实际”基层干部理解担当作为的差异

第二，行为层面，榜样干部会想方设法满足居民诉求，具有一定要将居民所反映的问题彻底解决的主动性，看重毅力、决心和方法；而现实中基层干部多局限在工作本身，执着完成工作职责内的任务。尽管他们意识到要克服工作中可能遭遇的困难，但缺少工作韧性和创新，只是“尽可能”来做。

第三，结果层面，榜样干部的担当作为均取得了一定成效，而现实中基层干部则未足够重视担当作为的结果。从中组部“敢于负责、勇于担当、善于作为、实绩突出”的担当作为导向上来看，现实中的基层干部多数只做到“敢于负责”，认为将自己职责所系的工作负责好即为担当作为。官方宣传案例则更突显之后还应具有的三项能力：能主动获取诉求并回应，彰显了“勇于担当”；能巧用方法创新工作，体现了“善于作为”；能解决问题，让居民整体生活更加积极阳光，突出了“实绩突出”。

尽管“现实”相较“期许”尚存在很大差距，但在本节进行的实地访谈中，不止一次听到有些基层干部在年轻或刚入职时抱有极大的工作热情，但伴随着工作经历累积，由于自身担当作为不被理解而消磨了斗志，反而转向了“只需要把本职工作做好”的狭隘认识的情况。因此，基层干部管理实践中也需要格外注意对年轻干部担当作为观念的引导，帮助他们科学看待担当作为结果，并完善基层担当作为容错机制拓展他们担当作为失败的空间，使他们更有底气、更有勇气担当作为。

第三节　本章小结

本章运用质性研究方法，厘清了基层干部担当作为的特征与行为逻辑，并发掘党和国家宣传表彰“榜样”基层干部的担当作为特征与多数“现实”基层干部的担当作为特征的差异。本章首先探明了基层干部担当作为的“新·褒禅山逻辑”，发现基层干部的担当作为首先缘起于担当作为意愿，其中担当作为偏好、担当作为认同同时发挥作用。在具备担当作为意愿以后，基层干部能否成功担当作为取决于是否具有担当作为能力，其中既包括运用自身性格、学历、岗位资金、资产等自有资源的能力，也包括调动个人社会关系、社会关系等可控资源的能力。当兼备担当作为意愿与能力后，基层干部担当作为最终能否实现取决于情境因素影响，包括所在单位的职务要求、工作环境等微观情境的影响，上级政府硬性要求、软性支撑等中观情境的影响，以及党和国家顶层的激励机制、容错纠错机制建立等宏观因素的影响。

尽管无论是受到党和国家官方宣传表彰的基层干部，还是现实中默默坚守岗位、努力奋斗的干部都遵循担当作为的“新·褒禅山逻辑”，他们在具体行为中却具有显著不同的特征。党和国家的“期许”与基层干部的“实际”之间存在差距，但并不是完全割裂开的。现实中被基层干部们认为是担当作为“榜样”的干部在许多方面已经具备了党和国家宣传表彰担当作为“榜样”的特征。只是因为党和国家层面的“榜样”干部往往经过千里挑一、万里挑一，在他们身上往往体现出基层干部担当作为优秀特征的集合。而究其本质，“期许”与“实际”最大的差别在于担当作为的出发点是公共价值还是工作职责，即担当作为侧重“居民要求我做什么”还是“工作要求我做什么”。

而要真正弥合差距，同样必须尤其重视对基层干部担当作为观念的塑造，即担当作为是为了实现工作本身所承载的诉求，而非完成工作职责所必须的要求。因为在意识层面真正做到重视居民诉求，“榜样”基层干部才会主动畅通居民的诉求表达渠道、了解居民的现实诉求甚至工作职责之外的诉求；进一步地，“榜样”会想方设法满足服务对象居民的现实诉求，而不仅仅只是完成自己本职以内的工作。对于新时代基层干部的管理实践，如何转变部分基层干部的担当作为观念，使其像宣传榜样看齐，是未来基层干部激励机制与容错纠错机制不断健全、完善的工作重点。尽管本节初步对基层干部的担当作为的观念、意识进行了初步探究，以探索性研究为主。倘若要进一步深化探究基层干部担当作为受到哪些动机驱动，由动机的产生到行为的实施又经过了怎样的作用机制，还有待于后续章节的进一步探索。

第三章　洞悉：基层干部担当作为的动机研究

在上一章通过质性方法擘画基层干部担当作为的行为特征及逻辑之后，本章将通过基于公共价值的政府绩效治理（Public Value-based Government Performance Governance，PV-GPG）以及绩效领导的模型框架，探讨干部行为与动机的分析基础，再使用自我决定理论和角色认同理论，依据“自主性—受控性”轴线精细化研究担当作为动机，开发并量化验证基层干部担当作为动机、担当角色认同以及担当作为行为的测量工具，并通过担当角色认同解构担当作为动机与担当作为行为之间的影响关系。

第一节　干部行为动机：公共价值与绩效领导的基础框架

一　担当作为：PV-GPG 与绩效领导的实现路径

在实践中，公共管理所应承载的社会价值难以通过传统公共行政所强调的官僚制和新公共管理所推崇的类私人部门管理模式被准确地表达（Hefetz & Warner，2004；Denhardt & Denhardt，2015）。考虑到这一问题，当前公共管理研究将公共价值作为重要研究方向（Moore，2000；何艳玲，2009；Nabatchi，2012），对公共价值的高度关注本质上是回归到了对政府职责和效能的关切（Boyte，2005；Alford，2008；郭佳良，2020）。作为政府职责和效能“风向标”的政府绩效，尤为需要注重判断是否能够代表社会大众普遍的公共价值（O'Flynn，2007；包国宪、马翔，2022）。实现公共价值也是基层干部担当作为最根本的目标。

在公共价值的导向下，PV-GPG 模型正为构建基于公共价值的政府绩效治理与绩效领导路径提出了因应之策。具体而言，PV-GPG 模型构建出了一个由价值领导、愿景领导、效率领导三个子机制组成的管理体系，并在协同领导下消除各子机制之间的冲突（包国宪、张弘，2021）。其中，价值领导从普遍的社会价值中筛选出公共价值并进行排序，为政府决策提供依据；愿景领导具体化价值领导所凝练出的公共价值，在各级政府中制定政府绩效管理战略，让政府绩效得以成为公共价值的具体体现；效率领导则旨在实践落实愿景领导所产出的政府绩效管理战略；协同领导属于具有协同功能的制度或机制，化解以上价值领导、愿景领导和效率领导之间在现实中可能存在的冲突。绩效领导是 PV-GPG 框架得以有效发挥的动力和“润滑剂”，是公共价值生成的管理层面动力（包国宪，王学军，2012；Bao et al.，2013）。

绩效领导贯彻“将回应公共价值作为绩效治理基础”的理念，具有价值、战略和效率三种属性，但在现实中平衡价值、战略和效率的真实实践需要依靠广大干部的担当作为。毕竟无论是筛选并排序公共价值、还是具体化公共价值为切实可行的政府绩效管理战略，或是在实践中执行战略归根结底都离不开来自于广大基层干部担当作为行为的支持以及行为动机的驱动。他们尽职履责，为人民服务实现公共价值的担当作为行为以及动机正是推行这一框架，将绩效领导付诸实践、产出公共价值的实现路径。

二 担当作为动机：“自主性—控制性”的思路

1. 利他利己、内在外在动机的局限

关注和分析行为，需要回归人的角度，从动机本身出发了解行为背后的本质（张书维、郭晟豪，2021）。了解担当作为行为背后的动机，可供借鉴的方向便是公共服务动机，但既有研究受到了利他和内外动机二分的束缚：一是在习惯上将公共服务动机归类为利他动机，过于强调

甚至依赖了公务人员本身对于公共服务的“奉献为乐”精神；二是受到内外动机二分的束缚，因为公共服务动机具备利他与亲社会的表现，公共服务本身也具有利己的空间，对外利他也能够在外部的称许下也可能变成个体内在的动力，因此处于内在动机与外在动机的模糊位置，不利于分析清楚动机来源（Chen & Bozeman，2013）。具体而言，既往研究往往强调干部的使命呼唤、责任感，服务公众的伦理特点（Perry & Wise，1990；Perry，2000；Houston，2000）。正是因为这些特殊形式的利他或亲社会动机的模糊定位（Perry，Hondeghem & Wise，2010 ；Jacobsen，Hvitved & Andersen，2014），使得研究逐渐依赖研究干部的利他性。此外，在公共部门，尤其是政府情境中，权变因素相对于企业部门而言更为复杂，作为“人民公仆”的基层干部中“毫不利己专门利人”并以此为乐别无他求的个体始终是少数（张书维、李纾，2018）。

基层干部的担当作为的行为动机可能往往兼有利他和利己、内在和外在的色彩（Perry，Hondeghem & Wise，2010），行为的产生机制颇为复杂。从工作性质而言，担当作为对于个体既是对己的工作又是对外的服务，是一种特殊的利他或者亲社会行为；另一方面，担当作为既可能是干部自发主动，也可能是受到要求而被动行事。上一章的质性研究即发现了担当作为不同的动机表现。因此，需要跳出利他利己、内在外在动机的窠臼，回归“动机”本身来厘清担当作为动机的本质。

2. 自我决定理论的启示

对于基层干部的研究，尤其是基层干部的行为研究值得借鉴行为领域基础深厚的心理学的研究内容和方法，回归基层干部的行为动机。行为公共管理学正是用心理学的视角研究公共管理情境下个体、群体与组织的关系（Grimmelikhuijsen，Jilke，Olsenb & Tummers，2017），充分关注了公共管理中微观的个体或群体的心理与行为规律。本节基于自我决定理论研究担当作为的动机，突破了对利他、利己以及内在、外在动机的简单划分，形成了以“自主性—控制性”为中心维度，自主动机（内在调节、认同调节、整合调节）与控制动机（内摄调节、外在调节）的精细分类，对于基层干部担当作为动机的多样性和适用性具有更强的解释力。

自我决定理论（Self-determination Theory）为动机分析提供了非常有用的框架（Chen & Bozeman, 2013；Pedersen, 2015；Weske & Schott, 2016；张书维、李纾，2018）。具体地，自我决定理论从动机中自我决定成分的多少出发，形成了“自主性—受控性”的动机轴线，划分为“自主动机”（自我决定成分较多，自我决定成分由多到少依次包含内在调节、整合调节、认同调节）和“受控动机”（自我决定成分较少，自我决定成分由多到少依次包含内摄调节、外在调节）（Ryan & Deci, 2000；Deci & Ryan, 2000；Deci & Ryan, 2008）。对于担当作为而言，担当作为动机最终的体现是担当作为的行为，担当作为动机就是个体做出担当作为的理由是什么。那么，根据担当作为的理由中自我决定成分的多少，依据“自主性—受控性”轴线，可以对担当作为动机进行相应的分析和划分。

具体地，“自主动机”的“内在调节”是指个体做出某些行为活动是因为活动本身是有趣的，做这件事的时候自己是开心的；对应干部的担当作为，就是因为自己对担当作为本身感兴趣，自己是因为享受担当作为，所以才采取担当作为行为，此时的自我决定成分最多，为便于理解，本研究将其归纳为“担当偏好”。“整合调节”是指个体做出某些行为活动是因为该项活动的价值符合自己的习惯和价值定位，做出行为是自己的习惯性部分；对应干部的担当作为，就是出于担当作为符合自己做人的准则，符合自己的价值观，此时的自我决定成分较多，为了便于理解，本研究将其归纳为“担当价值观”。“认同调节”是指个体做出某些行为活动是因为自己认同该活动的价值和意义，认同该活动的积极作用；对应干部的担当作为，就是因为个体认为担当作为是有价值的，相信担当作为有用、有意义，此时的自我决定成分略多，为了便于理解，本研究将其归纳为“担当认同”。

“受控动机”的“内摄调节”是指个体做出某些行为活动是因为自我卷入的自我价值情感，也就是避免因为不做和辜负期待导致的内疚；对应干部的担当作为，就是担当作为是为了消除自己因为不去担当作为就会达不到外界的期待而产生的行不配位的歉疚，为了避免自己与担当作为环境格格不入的自责，担当作为是为了自己可以心安，此时的自我决定成分略少，为了便于理解，本部分将其归纳为“担当心安感”。“外在调节”是指个体做出某些行为活动是为了获得奖励或逃避惩罚；对应干部的担当作为，就是担当作为是为了得到褒奖或者避免惩罚，此时的自我决定成分最少，为了便于理解，本研究将其归纳为“担当压力”。

综上所述，根据自我决定理论，依据自我决定成分的多少，担当作为动机可以分为自主动机和受控动机，并且沿着“自主性—受控性”的轴线，自我决定成分由多到少依次为：自主动机的“内在调节：担当偏好”“整合调节：担当价值观”“认同调节：担当认同”，受控动机的“内摄调节：担当心安感”“外在调节：担当压力”。

第二节　担当作为动机及其与行为的关系研究①

一　研究背景

实现公共价值最终仍需要靠人落实，广大的基层干部正是党的方针政策执行者。正如习近平总书记所指出的，新时代我们党要团结带领人民实现“两个一百年”奋斗目标、实现中华民族伟大复兴的中国梦，必须努力造就一支忠诚干净担当的高素质干部队伍。回归人的角度，从动机本身出发探讨正是实现这一目标的可行之策（张书维、郭晟豪，2021）。对于基层干部而言，尽管作为人民公仆，仅仅专注于舍己为人并以此为乐的个体始终无法适用于绝大多数，为此阐明个体的动机差异尤为重要，如此的研究才更具有实践价值。

再者，尽管动机是行为的驱动力，但更为实际的情况是个体可能同时具有多种具体动机。从动机到实际行为之间，还存在对于行为本身的

① 本节部分内容源自郭晟豪：《基层干部的担当作为：基于角色认同中介的动机与行为关系研究》，《公共管理与政策评论》2022 年第 1 期。

认同过程，也就是做出某类行为的多个动机或理由经过整合得到对行为的认同，最后才是实际做出行为。角色认同理论（Role Identity Theory）强调个体对自身所处外界环境的综合判断，个体最终将所处环境的某个特征作为自我概念的一部分，成为自我调节的结果（Riley & Burke，1995；Hogg et al.，1995；Tierney & Farmer，2002），并会产生影响的行为。对应到担当作为，担当作为的自主动机（内在调节、整合调节、认同调节）、受控动机（内摄调节、外在调节）的自我调节结果是担当角色认同的结果，在主观整合后产生客观的担当作为行为。事实上，角色认同的中介作用在大量的行为研究中得到了应用并有着成熟的测量工具供参考，如对创新行为的研究中创新角色认同就发挥了重要的多种动机或因素到具体行为的桥梁作用（Famer et al.，2003；Lin et al.，2016；Koseoglu et al.，2017）。当担当角色认同作为中介引入分析框架之中，相应调节变量的关注范围也得以精细，可以关注当主观整合的担当角色认同形成后，何种因素会影响客观行为的实际发生。因此，本部分的研究采用角色认同理论，引入担当角色认同作为担当作为动机与担当作为行为之间的个体整合判断，以期更精细地呈现基层干部担当作为的生发机制。

二　研究假设

1. 动机与行为的总效应与效应差异

本部分的担当作为动机分析即是源于对于担当作为行为的解释，无论自主动机和受控动机都是个体担当作为的可能动因。一方面，自主动机可以产生担当作为。自主动机的“内在调节：担当偏好”反映的是基层干部自己对担当作为本身感兴趣，享受担当作为的程度，因此干部的担当偏好水平越高，干部就越可能做出担当作为的行为；“整合调节：担当价值观”反映的是认为担当作为符合自己做人的准则，符合自己的价值观的程度，因此干部的担当价值观程度越高，干部也就越可能做出担当作为的行为；同样地，“认同调节：担当认同”反映的是认为担当作为具有价值，相信担当作为有用、有意义的程度，因此干部的担当认同水平越高，干部也越可能做出担当作为的行为。因此，本部分提出如下假设。

H3－1：基层干部的自主动机对他们产生担当作为能够产生积极作用。

具体包括：基层干部的“内在调节：担当偏好”（H3－1－1）、“整合调节：担当价值观”（H3－1－2）、“认同调节：担当认同”（H3－1－3）对担当作为有积极作用。

另一方面，受控动机也可以产生担当作为。具体地，“内摄调节：担当心安感”“外在调节：担当压力”可以产生担当作为。“内摄调节：担当心安感”反映的是因为自身不去担当作为，达不到外界的期待会产生歉疚，干部为了避免这种自责的担当心安感越高，干部就会做出更多的担当作为行为；“外在调节：担当压力”反映的是感受到的对于担当作为的褒奖或者惩罚的压力，因此，干部的担当压力越高，干部也会做出更多的担当作为行为。因此，本部分提出如下假设。

H3－2：基层干部的受控动机对他们产生担当作为能够产生积极作用。

具体包括：基层干部的“内摄调节：担当心安感”（H3－2－1）、“外在调节：担当压力”（H3－2－1）对担当作为有积极作用。

此外，自主动机与受控动机由于自我决定的程度不同，在对担当作为的影响效应上也可能存在差异（郭晟豪，2020）。自我决定理论认为自主性越强，个体越认为自己对行为具有掌控力，会形成对内的因果感知，更容易产生个体的积极愉悦和幸福。相对应地，受控性越强，个体越容易认为行为受外界所控，会形成对外的因果感知，会产生消极焦虑和抑郁（Vansteenkiste et al.，2004；Turban et al.，2007）。积极状态相对消极状态更有助于行为的产生和持续，所以越靠近自主性，动机的影响程度就越强。不过，上述推断考虑的是一般性的情境，并没有考虑公共部门的特殊性，这一特殊性的有无需要通过实证研究的检验。尤其在我国公共部门中的担当作为备受关注和呼吁的具体情境下，担当偏好、担当价值观、担当认同、担当心安感、担当压力等五类子维度对于基层干部而言具有不同的特点和侧重，所引发的情绪和归因也有所区别，因此尽管总效应的方向相同，即与担当作为存在正相关关系，但是具体的影响程度不尽相同，存在效应差异。具体的差异应根据实证结果具体分析。

2. 动机与行为间的中介效应

本部分提出了从担当作为的动机到担当作为的行为之间的关系假设。但是应该认识到的是，从动机到行为的过程并非如此直接。个体可能具有多种动机，一个真实的个体决策动机其实是各项动机的组合，干部可能同时具有担当偏好、担当价值观、担当认同、担当心安感、担当压力的五类调节的几种甚至全部，只是程度不同。因此，在动机之后，行为之前应该存在个体的主观整合和判断（Petkus，1996；Stets & Burke，2000），如此才可以更好地理解干部担当作为的产生。对于个体的主观整合问题，角色认同理论提供了有效的思考角度。对于担当作为而言，个体担当偏好、担当价值观、担当认同、担当心安感、担当压力的自我整合调节结果是形成担当角色认同的关键，即将担当作为当作干部特征的一部分，认同“担当”这一特征是自己的特征。具有担当角色认同的基层干部就会做出符合担当特征的客观行为，即担当作为。也就是说，担当角色认同的基层干部把担当偏好、担当价值观、担当认同、担当心安感、担当压力等动机当作与担当作为行为之间的桥梁。

值得关注的是，本部分将担当角色认同作为中介引入分析框架之中，如得到量化统计的验证，那么担当作为从动机到行为的过程中相应调节变量的关注范围也得以精细，可以关注主观整合的担当角色认同形成前后的影响因素。比如，形成担当角色认同后，何种因素会影响客观行为的实际发生，对于担当作为的影响因素研究可以进行更为精细的分析。因此，本部分引入担当角色认同作为中介变量，提出如下假设。

H3 -3：担当动机产生了担当角色认同，进而产生担当作为行为，即担当角色认同中介入担当作为动机与担当作为之间的关系。

具体包括：基层干部的自主动机，即“内在调节：担当偏好”（H3 -

3－1）、“整合调节：担当价值观”（H3－3－2）和“认同调节：担当认同”（H3－3－3）；干部的受控动机，即“内摄调节：担当心安感”（H3－3－4）、“外在调节：担当压力”（H3－3－5）会促使干部形成担当角色认同，让具有担当角色认同的基层干部做出担当作为行为。

三 研究设计

1. 研究样本

本部分的研究数据来自对政府部门公务员的问卷调查，被试者来自组织部、纪委、财政局、人社局、税务局等不同部门，具有较好的代表性。每位被试者在自己的移动端获得问卷链接并独自填答，问卷采用Likert 7点量表，其中1表示“非常不同意”，7表示“非常同意”。为了事前控制共同方法偏差，问卷中每个变量的量表均呈现在单独页面，被试者需要填答完一个变量的全部题项才可以进入下一个页面回答另一个变量的题项，从而在一定程度上阻断了被试者一气呵成填答带来的共同方法偏差（Warsen et al.，2018）。本部分的研究共有441人参与问卷调查，收回问卷317份，经过筛选，剔除了明显的无效填答，最终获得277份有效问卷。样本的描述性统计结果为：男性占比46.9%，女性占比53.1%；平均年龄为32.563岁，标准差为7.183；在受教育程度方面，大专占16.6%，本科占74.7%，硕士研究生占4.3%；在组织的工作时间平均为7.466年，标准差为7.661。

2. 测量工具

（1）担当作为动机。本部分参考了Chen和Bozeman（2013）以及Gagné等（2010），其中Gagné等的量表是基于自我决定理论的较为成熟且通用性强的量表之一。不过，上述量表均没有涉及Deci和Ryan自我决定理论（Deci & Ryan，2000）中整合调节这一维度。因此本部分按照Deci和Ryan自我决定理论的动机模型，沿着“自主性—受控性”轴线依次设定为担当偏好（内在调节）、担当价值观（整合调节）、担当认同（认同调节）、担当心安感（内摄调节）、担当压力（外在调节）的五个子维度。具体题项参考Gagné等的题项设计（Gagné et al.，

2010），并补充担当作为的意涵，每个子维度包含3个题项，具体题项见表3.1。由于本部分的量表维度区分和题项设计均具有成熟的理论基础，因此量表可靠性的检验适合采用验证性因子分析。依据研究数据，本部分通过验证性因子分析检验了量表的可靠性（$\chi^2 = 150.079$，df = 80，$\chi^2/df = 1.901$，CFI = 0.974，TLI = 0.966，RMSEA = 0.057，SRMR = 0.040）。担当作为动机五个子维度的 Cronbach's Alpha 依次为 0.956、0.955、0.956、0.824 和 0.860，CR（组成信度）依次为 0.957、0.955、0.957、0.849、0.861，AVE（平均变异萃取量）依次为 0.881、0.877、0.880、0.653、0.687；五个子维度各自的3个题项的标准化因子载荷都达到0.6以上（详见表3.1），因此本测量量表具有较高的可靠性。此外，如表3.2所示，可以发现的是，本部分量表测量的担当作为动机五个子维度从“自主性”到“受控性”彼此的相关性程度也逐渐变化。以担当偏好为例，担当偏好与担当价值观（$r = 0.877$，$p < 0.01$）、担当认同（$r = 0.809$，$p < 0.01$）、担当心安感（$r = 0.781$，$p < 0.01$）、担当压力（$r = 0.358$，$p < 0.01$）的相关系数沿着“自主性—受控性”轴线逐渐降低，这也反映了本部分测量结果符合自我决定理论下以“自主性—受控性”程度研究动机的理论设想。

（2）担当角色认同。本部分参考了创新角色认同的测量，改编了 Farmer 等的创新角色认同量表（Farmer et al.，2003），将原量表中的“创新”部分，替换为“担当作为”，将原量表的企业情境替换为公共部门情境。改编后的量表题项具体为“我经常在思考如何成为一个有担当作为的公务员”“我对自己的担当作为有一定清晰的想法”“我认为成为一名担当作为的公务员是形成自我的一部分”。依据研究数据，本部分通过验证性因子分析检验量表可靠性（因题项数量等于3，故模型配适情况未汇报）。担当角色认同量表的 Cronbach's Alpha 为 0.931，CR 为 0.932，AVE 为 0.820；全部3个题项的标准化因子载荷都达到0.6以上（详见表3.1），因此量表具有较高的可靠性。

表 3.1 变量题项与验证性因子分析

变量	题项	因子载荷	标准误	内部一致性
担当偏好（内在调节）	TCP1 因为我很享受担当作为	0.956**	0.009	Alpha = 0.956
	TCP2 因为我担当作为的时候很开心	0.935**	0.018	CR = 0.957
	TCP3 为了担当作为带给我的快乐时刻	0.925**	0.016	AVE = 0.881
担当价值观（整合调节）	TCV1 因为担当作为符合我的个人习惯	0.917**	0.021	Alpha = 0.955
	TCV2 因为担当作为符合我的自我定位	0.942**	0.012	CR = 0.955
	TCV3 因为担当作为符合我的价值观	0.951**	0.010	AVE = 0.877
担当认同（认同调节）	TCI1 因为担当作为很有意义	0.951**	0.013	Alpha = 0.956
	TCI2 因为担当作为很有价值	0.938**	0.013	CR = 0.957
	TCI3 因为担当作为有积极作用	0.926**	0.019	AVE = 0.880
担当心安感（内摄调节）	TCE1 因为既然做了这份工作，我就应该担当作为	0.914**	0.023	Alpha = 0.824
	TCE2 担当作为就是我的工作内容之一，我不想做不到	0.875**	0.039	CR = 0.849
	TCE3 我的名声取决于我的担当作为	0.610**	0.053	AVE = 0.653
担当压力（外在调节）	TCS1 我担当作为是为了避免因不担当作为而受到处分	0.701**	0.057	Alpha = 0.860
	TCS2 我担当作为是为了得到组织的肯定	0.966**	0.030	CR = 0.861
	TCS3 我担当作为是为了获得褒奖	0.781**	0.045	AVE = 0.678
担当角色认同	TRI1 我经常在思考如何成为一个有担当作为的公务员	0.892**	0.022	Alpha = 0.931
	TRI2 我对自己的担当作为有一定清晰的想法	0.881**	0.024	CR = 0.932
	TRI3 我认为成为一名担当作为的公务员是形成自我的一部分	0.942**	0.017	AVE = 0.820

续表

变量	题项	因子载荷	标准误	内部一致性
担当作为	TCB1 在面对大是大非时，我能够坚定原则，敢于发声	0.848**	0.030	Alpha = 0.906
	TCB2 在面对困难时，我能够迎难而上，克服困难	0.918**	0.018	CR = 0.914
	TCB3 在面对危机时，我能够挺身而出，不畏艰险	0.915**	0.015	AVE = 0.684
	TCB4 在面对失误时，我能够直面错误，承担责任	0.799**	0.049	
	TCB5 在面对不良风气时，我能够指出问题，不怕得罪人	0.618**	0.046	

注：* 表示 $p<0.05$，** 表示 $p<0.01$。

（3）担当作为的测量。本部分在测量时根据“五个敢于”改编得到担当作为的 5 个测量题项，具体为“在面对大是大非时，我能够坚定原则，敢于发声”“在面对困难时，我能够迎难而上，克服困难”“在面对危机时，我能够挺身而出，不畏艰险”“在面对失误时，我能够直面错误，承担责任”“在面对不良风气时，我能够指出问题，不怕得罪人”。依据研究数据，本部分通过验证性因子分析检验了量表的可靠性（$\chi^2=7.241$，df = 5，$\chi^2/df=1.448$，CFI = 0.995，TLI = 0.990，RMSEA = 0.040，SRMR = 0.015）。担当作为量表的 Cronbach's Alpha 为 0.906，CR 为 0.914，AVE 为 0.684；题项的标准化因子载荷都达到 0.6 以上（详见表 3.1），因此量表具有较高的可靠性。

四　数据分析

1. 描述性统计

由于本部分的研究数据是由被试者一次性填答，可能存在共同方法偏差的干扰，因此本部分根据 Podsakoff 等的建议（Podsakoff et al.，2003）进行了事后检验。构建了一个共同方法偏差虚拟因子，结果显示加入共同方法偏差虚拟因子的模型（$\chi^2/df = 1.901$，CFI = 0.959，TLI = 0.951，RMSEA = 0.057，SRMR = 0.092）与未加入共同方法偏差虚拟因子的模型（$\chi^2/df = 1.782$，CFI = 0.965，TLI = 0.957，RMSEA = 0.053，SRMR = 0.042）相比并没有得到明显改善，且虚拟因子总变异贡献非常小（23.437%），也就是说，共同方法偏差并不是本部分的严重问题。

本部分的研究中各变量的平均数、标准差，变量间的相关系数如表3.2所示。可以看出担当作为动机中的担当偏好、担当价值观、担当认同、担当心安感、担当压力与担当作为显著正相关（r = 0.576、0.571、0.535、0.583、0.241，$p < 0.01$），同时与担当角色认同显著正相关（r = 0.743、0.754、0.752、0.797、0.370，$p < 0.01$）。此外担当角色认同与担当作为显著正相关（r = 0.672，$p < 0.01$）。这为本部分论证假设提供了初步的方向和依据。

表3.2 描述性统计与相关性分析

	Mean	SD	1	2	3	4	5	6	7
1. 担当偏好	5.575	1.314	(0.939)						
2. 担当价值观	5.662	1.258	0.877**	(0.936)					
3. 担当认同	5.869	1.168	0.809**	0.836**	(0.938)				
4. 担当心安感	5.650	1.147	0.781**	0.787**	0.812**	(0.808)			
5. 担当压力	4.918	1.441	0.358**	0.405**	0.366**	0.442**	(0.829)		
6. 担当角色认同	5.616	1.172	0.743**	0.754**	0.752**	0.797**	0.370**	(0.906)	
7. 担当作为	5.450	1.089	0.576**	0.571**	0.535**	0.583**	0.241**	0.672**	(0.827)

注：a. 括号内为AVE的平方根。b. * 表示 $p < 0.05$；** 表示 $p < 0.01$。

2. 总效应与效应差异

通过相关分析，可以看出各变量之间存在一定的相关关系。接下来进一步以性别、年龄、教育程度、在目前组织的工作时长为控制变量，担当偏好、担当价值观、担当认同、担当心安感、担当压力为自变量，以担当作为为因变量，进行变量之间的回归分析。模型 3－1 为仅包含控制变量的回归模型。之后，将自变量担当偏好、担当价值观、担当认同、担当心安感、担当压力分别放入模型中，依次设为模型 3－2、模型 3－3、模型 3－4、模型 3－5 和模型 3－6，针对研究假设 H3－1 和假设 H3－2 进行检验。接着，模型 3－7 将自主动机的担当偏好、担当价值观和担当认同同时放入模型，模型 3－8 将受控动机的担当心安感和担当压力同时放入模型。最后，模型 3－9 将担当动机的担当偏好、担当价值观、担当认同、担当心安感和担当压力全部放入模型中。

各模型的回归系数及显著性检验如表 3.3 所示。从回归结果来看，基准模型 3－1 中，回归方程并不理想（$F=2.272$，$p>0.05$）。具体到本部分的研究关注的担当作为动机，自主动机部分，模型 3－2 显示“内在调节：担当偏好”与担当作为存在显著的正向关系（$B=0.467$，$p<0.01$），也就是说担当偏好可以提升担当作为，假设 H3－1－1 成立。模型 3－3 显示“整合调节：担当价值观”对担当作为的回归系数正向，且显著（$B=0.483$，$p<0.01$），也就是说担当价值观可以提升担当作为，假设 H3－1－2 成立。模型 3－4 显示“认同调节：担当认同”与担当作为存在显著正向作用（$B=0.486$，$p<0.01$），也就是说担当认同可以提升担当作为，假设 H3－1－3 成立。受控动机部分，模型 3－5 显示，“内摄调节：担当心安感”与担当作为存在显著的正向作用（$B=0.541$，$p<0.01$），也就是说担当心安感可以提升担当作为，假设 H3－2－1 成立。最后，在模型 3－6 中，“外在调节：担当压力”与担当作为的作用关系为正向，并且显著（$B=0.175$，$p<0.01$），也就是说担当压力可以提升担当作为，假设 H3－2－2 成立。综上所述，担当偏好、担当价值观、担当认同、担当心安感、担当压力这五类子维度都可以促进干部的担当作为。

接下来，本部分进一步分析担当偏好、担当价值观、担当认同、担当心安感、担当压力之间的效应差异。首先比较自主动机，如表 3.3 所示，模型 3－7 将自主动机的担当偏好、担当价值观和担当认同一起放入模型，此时只有担当偏好与担当作为的正向关系显著（$B=0.248$，

$p<0.01$），而担当价值观（$B=0.176$）和担当认同（$B=0.101$）与担当作为的回归系数并不显著（$p>0.05$）。这说明，当同时考虑担当偏好、担当价值观、担当认同的作用时，担当偏好的积极效应最强，担当价值观其次，最后是担当认同。为了精确比较，本部分将担当偏好（$B=0.277$，$p<0.01$）、担当价值观（$B=0.027$，$p<0.01$）放入一组比较，结果发现担当偏好的作用更强；再将担当价值观（$B=0.350$，$p<0.01$）同担当认同（$B=0.171$，$p<0.05$）分组放入模型中进一步比较，发现担当价值观的作用更强，结果的确为担当偏好>担当价值观>担当认同。这与自我决定理论中，自我决定的成分越多，对行为的作用就越强的判断是一致的。

接着比较受控动机，如表3.3所示，模型3－8将担当心安感和担当压力共同放入模型，此外，只有担当心安感与担当作为显著正相关（$B=0.549$，$p<0.01$），而担当压力与担当作为的回归系数并不显著（$B=-0.016$，$p>0.05$）。这说明，当同时考虑担当心安感和担当压力的作用时，担当心安感的积极效应最强，这与自我决定的成分越多，对行为的作用就越强的判断也是一致的。

为了进行整体的考虑，模型3－9将担当作为动机中的担当偏好、担当价值观、担当认同、担当心安感和担当压力全部放入模型，只有担当偏好（$B=0.183$，$p<0.05$）和担当心安感（$B=0.307$，$p<0.01$）与担当作为显著正相关，而担当价值观、担当认同、担当压力与担当作为的回归系数不再显著，担当动机中，担当心安感对担当作为的正向作用最大，其次是担当偏好。为了更精确地比较，本部分将担当偏好（$B=0.253$，$p<0.01$）、担当心安感（$B=0.315$，$p<0.01$）；担当认同（$B=0.468$，$p<0.01$）、担当压力（$B=0.041$，$p>0.05$）分组放入模型中进行比较，发现担当心安感>担当偏好；担当认同>担当压力。也就是说，五类担当行为动机的子维度对担当作为促进作用的强度依次为：“内摄调节：担当心安感”>“内在调节：担当偏好”>“整合调节：担当价值观”>“认同调节：担当认同”>“外在调节：担当压力”。除了担当心安感外，的确自我决定成分越多，积极作用越强，但是最强的是自我决定成分略少的担当心安感。

表 3.3 **总效应与效应差异检验**

变量	模型 3-1	模型 3-2	模型 3-3	模型 3-4	模型 3-5	模型 3-6	模型 3-7	模型 3-8	模型 3-9
常数项	3.757 **	2.047 **	2.044 **	1.680 *	1.556 *	2.914 **	1.792 **	1.596 *	1.638 *
担当偏好		0.467 **					0.248 **		0.183 *
担当价值观			0.483 **				0.176		0.131
担当认同				0.486 **			0.101		-0.032
担当心安感					0.541 **			0.549 **	0.307 **
担当压力						0.175 **		-0.016	-0.027
R^2	0.032	0.342	0.332	0.294	0.349	0.086	0.361	0.349	0.389
调整 R^2	0.018	0.330	0.320	0.281	0.337	0.069	0.344	0.334	0.369
F 检验	2.272	28.191 **	26.970 **	22.563 **	28.998 **	5.081 **	21.681 **	24.112 **	18.915 **
R^2 更改	—	0.310 **	0.300 **	0.262 **	0.316 **	0.053 **	0.328 **	0.317 **	0.369 **

注：a. 本处省略了控制变量的系数；b. * 表示 $p<0.05$，** 表示 $p<0.01$；c. 模型 3-2 到模型 3-9 的 R^2 更改均以模型 31 为基础。

3. 中介效应检验

本部分采用 Bootstrap（设为 5000，置信区间为 95%）检验担当角色认同在担当作为动机的子维度与担当作为行为之间的中介效应，使用 PROCESS 程序（Hayes，2013）完成分析。首先，分别对担当角色认同在自主动机的担当偏好、担当价值观、担当认同与担当作为间的中介效应进行分析。由表 3.4 可知，总效应均成立，与前文研究一致。中介效应方面，担当角色认同在担当偏好与担当行为间的中介效应为 0.334，置信区间为（LLCI = 0.226，ULCI = 0.461），不包含 0，达到显著水平。此外，通过 Sobel Test 确认中介效果，结果显示 Z = 7.464，绝对值大于 1.96，且 $p<0.01$，表明中介效应确实存在，假设 H3-3-1 得证。担当角色认同在担当价值观与担当行为间的中介效应为 0.374，且置信区间（LLCI = 0.241，ULCI = 0.520）并不包含 0，达到显著水平，此外，

Sobel Test 结果同样显示中介效应存在（$Z = 7.612$，$p < 0.01$），假设 H3－3－2 成立。至于担当认同，结果显示担当角色认同在担当认同和担当作为间的中介效应为 0.439，置信区间为（LLCI＝0.286，ULCI＝0.588），不包含 0，Sobel $Z = 8.246$，$p < 0.01$，因此担当角色认同在担当认同与担当作为间的中介效应假设 H3－3－3 得到验证。

接下来，本部分分别确定受控动机的担当心安感和担当压力是否也是通过担当角色认同的中介作用影响担当作为。同样地，总效应均成立，与前文研究一致。中介效应分析的结果显示担当角色认同在担当心安感和担当作为的关系间的中介效应值为 0.431，置信区间为（LLCI＝0.297，ULCI＝0.575），不包含 0，此外，Sobel Test 结果显示 $Z = 7.278$，绝对值大于 1.96，且 $p < 0.01$，表明中介效应确实存在，假设 H3－3－4 得证。至于担当压力，结果显示担当角色认同在担当压力和担当作为间起的中介效应为 0.182，置信区间为（LLCI＝0.112，ULCI＝0.265），不包含 0，Sobel $Z = 5.814$，$p < 0.01$，效应显著，假设 H3－3－5 得到验证。

也就是说，担当作为动机的五类子维度，担当偏好、担当价值观、担当认同、担当心安感和担当压力对担当作为的作用都经过了担当角色认同的中介作用，不同的动机调节在担当角色认同上形成了整合。此外，更为具体地是，除担当偏好外，在控制了担当角色认同的前提下，担当价值观、担当认同、担当心安感和担当压力对担当作为的直接效应均不显著（Boot 置信区间包含 0），这意味着担当角色认同发挥了完全中介作用。这格外提示了担当角色认同在动机与行为之间的关键桥接作用，担当角色认同是担当作为动机发挥积极作用的重要路径，值得研究者的关注。

表 3.4　担当角色认同在担当作为动机与担当作为间的中介效应检验

担当偏好	B	SE	t	p	LLCI	ULCI
总效应	0.467	0.041	11.298	0.000	0.385	0.548

续表

担当偏好	B	SE	t	p	LLCI	ULCI
直接效应	0.132	0.055	2.401	0.017	0.024	0.241
	B	Boot SE	Boot LLCI		Boot ULCI	
中介效应	0.334	0.061	0.226		0.461	
担当价值观	B	SE	t	p	LLCI	ULCI
总效应	0.483	0.044	11.033	0.000	0.397	0.569
直接效应	0.109	0.059	1.834	0.068	-0.008	0.226
	B	Boot SE	Boot LLCI		Boot ULCI	
中介效应	0.374	0.072	0.241		0.520	
担当认同	B	SE	t	p	LLCI	ULCI
总效应	0.486	0.049	10.020	0.000	0.391	0.582
直接效应	0.047	0.064	0.745	0.457	-0.078	0.173
	B	Boot SE	Boot LLCI		Boot ULCI	
中介效应	0.439	0.076	0.286		0.588	
担当心安感	B	SE	t	p	LLCI	ULCI
总效应	0.541	0.047	11.469	0.000	0.448	0.634
直接效应	0.110	0.070	1.566	0.119	-0.028	0.248
	B	Boot SE	Boot LLCI		Boot ULCI	
中介效应	0.431	0.070	0.297		0.575	
担当压力	B	SE	t	p	LLCI	ULCI
总效应	0.175	0.044	3.978	0.000	0.089	0.262
直接效应	-0.007	0.036	-0.182	0.856	-0.078	0.065
	B	Boot SE	Boot LLCI		Boot ULCI	
中介效应	0.182	0.040	0.112		0.265	

注：LLCI、ULCI 为 95% 的置信区间。

五　研究结论

研究结果表明，担当作为动机的各子维度均与担当作为有着显著正向关系，也是就是说在中国情境下，自主动机的“内在调节：担当偏好”“整合调节：担当价值观”“认同调节：担当认同”和受控动机的“内摄调节：担当心安感”“外在调节：担当压力”都是促进基层干部担当作为的重要动因。具体地，不同子维度的担当作为动机对于担当作为正向效应的程度也不同，从强到弱依次为担当心安感 > 担当偏好 > 担当价值观 > 担当认同 > 担当压力。此外，担当作为动机对担当作为的作用经过了担当角色认同的中介，个体具有的多种担当作为动机的具体子维度都会形成担当角色认同，完成自我整合，进而产生担当作为的行为。

第三节　本章小结

在上一章归纳基层干部担当作为行为特征和逻辑的基础上，本章使用基于公共价值的政府绩效治理和绩效领导模型回归担当作为对政府职责和效能的关切，作为干部行为动机分析的基础。接着以自我决定理论为主要思路，沿着“自主性—受控性”的轴线分析担当作为动机，以基层干部为样本，量化验证了自主动机的“内在调节：担当偏好”“整合调节：担当价值观”“认同调节：担当认同”，受控动机的“内摄调节：担当心安感”“外在调节：担当压力”对担当作为的积极作用，并发现不同子维度的担当作为动机对于担当作为正向效应的程度也不同，从强到弱依次为担当心安感 > 担当偏好 > 担当价值观 > 担当认同 > 担当压力。同时，基于角色认同理论，发现担当作为动机对担当作为的作用经过了担当角色认同的中介，个体的多种具体子维度动机都会形成担当角色认同，完成自我整合，进而产生担当作为的行为。研究结论为干部担当作为发生路径的精细化研究以及激发干部担当作为的管理实践提供了有效启示。

值得注意的是，本章发现内摄调节的作用最为突出，这与自我决定理论的判断并不一致。而内在调节 > 整合调节 > 认同调节 > 外在调节的结论与自我决定理论的判断一致，因此后续研究应该进行更严格设计确认这一结论的稳健性，进行更细致的质性研究为解释这一量化结论提供现实的论据。此外，本章初步引入了担当角色认同作为中介变量，因此可以研究具体地担当角色认同形成过程，如自主动机与受控动机彼此间的互动，其他调节因素的影响，以及担当角色认同形成后到行为的产出受到何种组织管理因素的调节，这将赋予担当作为研究更强的实践意义。这些内容将在下一章详细探讨。

第四章　精细：基层干部担当作为行为机制的边界

本章承接上一章依据“自主性—受控性”轴线对基层干部担当作为动机的初步洞悉，进一步精细化探究基层干部担当作为的行为机制及其边界。特别地，着眼于现实中基层干部面临的担当压力本身存在着正向奖励负向惩罚差异的现实，本章进一步将“担当压力”细化为“担当正压力”和“担当负压力”分析，尝试得出更符合现实情境、更有益于实践改进的研究结论。本章在检验各类动机对担当角色认同的总效应，以及各类动机影响担当角色认同时彼此间的交互效应之余，分别检验担当作为动机、担当角色认同与担当作为行为之间的调节效应。具体地，一方面检验上级支持、繁文缛节在担当作为动机与担当角色认同之间的调节效应，另一方面检验职业声誉感、工作焦虑感在担当角色认同与担当作为行为之间的调节效应。通过说明各担当作为动机彼此间可能存在的交互效应以及其他因素的调节作用，更加精细化地阐明基层干部担当作为行为机制的边界。

第一节　各类担当作为动机之间的交互效应

一　研究背景

前文已经述及，担当角色认同是基层干部担当作为的重要前提。根据上一章研究结论，担当角色认同从强到弱依次显著受到担当心安感、担当偏好、担当价值观、担当认同和担当压力的影响，本节即进一步比较各类担当作为动机间的交互作用。考虑到担当压力本身存在着正向奖励和负向惩罚差异，相较因担当作为受到褒奖，基层干部因不作为而被处分往往对其影响更大（Kim & Oswald，2021），同时，还可能存在动机的挤出效应，即因为惩罚而使担当作为这样一种积极主动的行为蒙上“被迫”的阴影。这意味着，如果以惩罚的方式激励基层干部担当作为，很可能会适得其反。此外，担当作为动机之间也可能存在彼此之间的联合作用，即一类担当作为动机对担当角色认同的作用可以随着另一个类担当作为动机的出现和消失而增强或者减弱。

因此，本节立足于实践要求，精细地将担当正压力和担当负压力分开研究，在上一章明确担当角色认同在担当作为动机到担当作为之间的关键作用的基础上，深入研究担当作为动机与担当角色认同之间的更为复杂的关系，细化担当作为动机，并探究动机之间的交互作用。

二 研究假设

本节继续依据自我决定理论、角色认同理论对基层干部担当作为的解释提出研究假设，沿“自主性—受控性”轴线，以基层干部在工作中自我决定成分的多少划分动机，将担当作为的自主动机分为内在调节（担当偏好）、整合调节（担当价值观）、认同调节（担当认同）；受控动机分为内摄调节（担当心安感）、外在调节（担当正压力/担当负压力）（郭晟豪，2020）。由于损失厌恶（Loss Aversion）的影响，人们所遭受的正压力和负压力常起到不同影响，负压力往往具有更强的影响力（鲁元平，2022）。本节进一步将基层干部的外在调节（担当压力）分为担当正压力和担当负压力。

1. 担当作为动机与担当角色认同的总效应

本节中担当角色认同指基层干部在多大程度上会思考自己该如何成为一个担当作为的干部，并将该想法内化为形成自我认知的一部分。无论自主动机还是受控动机都是解释担当角色认同的可能理由。一方面，自主动机中的内在调节（担当偏好）能够反映基层干部内在对担当作为本身感兴趣的程度，因此基层干部的担当偏好水平越高，基层干部的担当角色认同水平就可能越高。整合调节（担当价值观）反映的是基层干部认为担当作为在多大程度上符合自己的个人习惯、自我定位和价值观，因此基层干部的担当价值观水平越高，也越可能认同自己担当作为基层干部的角色身份。认同调节（担当认同）反映了基层干部在多大程度上认为担当作为本身具有价值、意义，因此基层干部的担当认同水平越高，也越可能对成为担当作为角色更加认同。因此提出如下假设。

H4－1：基层干部担当作为的自主动机对担当角色认同有积极作用。

具体包括：自主动机中的担当偏好（H4－1－1）、担当价值观（H4－1－2）、担当认同（H4－1－3）都能够对于基层干部的担当角色认同产生积极作用。

另一方面，基层干部的受控动机也可以影响基层干部的担当角色认同。受控动机中的内摄调节（担当心安感）能够反映在外界的期待下，基层干部因为自身没有担当作为而产生的心理压力。基层干部出于工作职责的担当心安感越高，基层干部就会在这种外界期待的压力下对于成为担当作为角色更为认同。外在调节（担当正压力/担当负压力）分别反映基层干部本身因为感受到了担当作为与否所受褒奖或者惩罚的压力，故基层干部的担当正压力越高，他们便越会愿意认同担当作为角色。然而，倘若他们的担当负压力越高，积极主动的担当作为就更倾向于转为因避免惩处而做，这反而不利于担当角色认同的产生，干部的担当角色认同水平会随之降低。因此，提出如下假设。

H4－2：基层干部担当作为的受控动机对担当角色认同有影响作用。

具体包括：担当心安感（H4－2－1）、担当正压力（H4－2－2）对于基层干部的担当角色认同有积极作用；担当负压力（H4－2－3）对于基层干部的担当角色认同有消极作用。

此外，考虑到各类自主动机与受控动机由于在工作中自我决定成分的程度不同，因此这些因素对担当角色认同的影响上也可能存在差异。

本节也将进一步根据实证结果具体分析各类动机对于担当角色认同的效应差异。

2. 动机间的交互效应

首先，在自主动机中，担当偏好、担当价值观、担当认同本身各有侧重。担当偏好强调基层干部对担当作为本身的热爱程度；担当价值观强调担当作为符合基层干部自身的价值取向；担当认同中的自我决定程度最低，强调基层干部认为担当作为具备对自己和他人的意义。这些动机效果可能会相辅相成得以增强：当基层干部能够享受担当作为时，担当作为也更符合基层干部自身的价值观，他们的担当作为也更可能自然而然地具备意义。与此同时，在受控动机中，担当负压力与担当心安感和担当正压力的作用方向不同。当担当负压力足够大时，担当作为本身的荣誉感和价值感被消解，担当作为甚至有了避免被问责的无奈感，因此担当心安感带来的外界期待和担当正压力的可能奖励效果便可能被抑制。最后，根据自我决定理论划分的自主动机和受控动机并非彼此孤立，动机彼此间也可能存在交互作用，即有以下假设。

H4－3：基层干部的各类动机对担当角色认同的影响具有交互效应。

具体包括：各类自主动机对于担当角色认同的影响存在交互效应（H4－3－1）；各类受控动机对于担当角色认同的影响存在交互效应（H4－3－2）；各类自主动机和受控动机间对于担当角色认同的影响也存在交互效应（H4－3－3）。

三　研究设计

1. 研究样本

本章对基层干部担当作为的行为机制进行了完整设计，在本节中涉及担当作为动机与担当角色认同；在下一节中涉及担当作为动机、担当角色认同、担当作为以及上级支持、繁文缛节、职业声誉感和工作焦虑感等调节变量。本章的研究数据来自政府直属行政机关公务人员。问卷同样采用 Likert 7 级量表，其中 1 表示“非常不同意”，7 表示“非常同意”。为避免出现共同方法偏差，本章针对研究对象每次间隔 1 个月左右共计追踪发放 3 次调查问卷。第一次共计发放问卷 500 份，关注担当作为动机、上级支持和繁文缛节的情况，获得有效问卷 449 份。第二次问卷测量担当角色认同、职业声誉感和工作焦虑感，在与第一次问卷的相关人口学信息配对筛选后得到 395 份有效问卷。第三次问卷测量担当作为的情况，经过配对筛选得到共计 352 份有效问卷。样本的描述性统计结果为：男性占比 47.2%，女性占比 52.8%；平均年龄为 35.43 岁，标准差为 6.495；在受教育程度方面，大专占 13.4%，本科占 71.3%，硕士研究生占 14.8%；在组织的平均工作时长为 12.17 年，标准差为 7.182。

2. 测量工具

（1）担当作为动机、担当角色认同与担当作为。使用上一章已经形成并得到检验的测量工具进行研究。不同于上一章，本章将外在调节分为担当正压力、担当负压力两类，外在调节（担当正压力）的题项为“我担当作为是为了受到组织称赞”“我担当作为是为了得到组织的肯定”“我担当作为是为了获得褒奖”等 3 项；外在调节（担当负压力）的题项为“我担当作为是为了不受组织批评”“我担当作为是为了避免组织的指责”“我担当作为是为了免受处分”等 3 项。

（2）上级支持和繁文缛节。上级支持的测量参考了 Eisenberger 等人（2001）的量表，题项分别包括“我的上级非常重视我的目标和价值观”“当我需要特别帮助时，我的上级愿意帮助我”“我的上级为我在工作中取得的成就感到自豪”等 5 项；测量繁文缛节时参考了 Jacobsen 等人（2018）所使用的题项，具体包括“规则和程序使得工作流程比需要的更麻烦”“执行工作任务时必须遵循的规则和程序非常耗时”“现有的规则使我很难实现工作的实际目的”等 3 项。

（3）职业声誉感和工作焦虑感。职业声誉感的测量参考了 Ashforth 等人（2013）的职业声誉感量表，包括“我的职业有很好的名声”“我的职业可以受到单位以外人们的好评”“我的职业被认为是一个好的职业”等 5 项；工作焦虑感采用 House 等人（1972）的量表测量，具体题项包括“工作给我的精神和思想造成了负担”“我常因工作上的事情而心情压抑或烦躁”“一天工作之后，我常有疲劳乏力之感”等3项。

在控制变量的选择上，本章在上一章控制性别、文化程度、年龄和在组织内工作时长的基础上，进一步控制了职务、职级、参加工作的时长等其他变量。

信度检验。通过Cronbach's Alpha值、复合信度（CR）、平均抽取方差（AVE）来评价量表题项的内部一致性，结果如表4.1所示。首先，本节中所有变量对应题项的Cronbach's Alpha值都达到了0.7以上，部分变量超过0.8，甚至达到0.9以上，这符合Cronbach（1951）的要求。其次，在复合信度方面，所有变量对应的题项CR值均在0.7以上，部分变量超过0.8，甚至达到0.9以上，符合Werts等（1974）的建议。最后，在平均抽取方差AVE值中，所有变量都远超过可接受的0.36，全部达到了0.5以上的理想水平（Fornell et al.，1981），变量内部一致性程度较高。

表4.1 **信度与效度检验**

变量	题项	标准化因子载荷	SE	t	p	Alpha	CR	AVE
担当偏好	TCP1	0.858	0.031	27.692	***	0.912	0.912	0.776
	TCP2	0.877	0.028	31.740	***			
	TCP3	0.907	0.022	41.635	***			
担当价值观	TCV1	0.861	0.027	32.462	***	0.922	0.925	0.804
	TCV2	0.945	0.016	59.684	***			
	TCV3	0.882	0.024	37.159	***			
担当认同	TCI1	0.911	0.021	43.012	***	0.935	0.936	0.831
	TCI2	0.943	0.017	55.481	***			
	TCI3	0.879	0.024	35.900	***			

续表

变量	题项	标准化因子载荷	SE	t	p	Alpha	CR	AVE
担当心安感	TCE1	0.735	0.047	15.764	***	0.772	0.786	0.553
	TCE2	0.833	0.064	13.049	***			
	TCE3	0.652	0.042	15.660	***			
担当正压力	TCPS1	0.955	0.012	81.962	***	0.939	0.941	0.841
	TCPS2	0.842	0.028	30.517	***			
	TCPS3	0.950	0.013	73.772	***			
担当负压力	TCNS1	0.946	0.018	53.481	***	0.964	0.965	0.902
	TCNS2	0.982	0.005	193.091	***			
	TCNS3	0.920	0.016	56.397	***			
上级支持	SS1	0.734	0.024	30.455	***	0.851	0.853	0.540
	SS2	0.590	0.045	12.999	***			
	SS3	0.790	0.037	21.632	***			
	SS4	0.767	0.029	26.062	***			
	SS5	0.774	0.033	23.447	***			
繁文缛节	RT1	0.862	0.028	30.893	***	0.908	0.909	0.770
	RT2	0.925	0.021	44.073	***			
	RT3	0.843	0.026	32.180	***			
担当角色认同	TRI1	0.878	0.028	31.086	***	0.924	0.925	0.805
	TRI2	0.875	0.026	33.358	***			
	TRI3	0.938	0.018	52.811	***			
职业声誉感	OR1	0.827	0.023	35.776	***	0.944	0.944	0.773
	OR2	0.854	0.025	34.708	***			
	OR3	0.886	0.020	44.842	***			
	OR4	0.915	0.014	64.770	***			
	OR5	0.911	0.016	56.233	***			

续表

变量	题项	标准化因子载荷	SE	t	p	Alpha	CR	AVE
工作焦虑感	JA1	0.852	0.031	27.478	***	0.864	0.867	0.688
	JA2	0.909	0.025	36.868	***			
	JA3	0.715	0.033	21.530	***			
担当作为	TC1	0.646	0.039	16.411	***	0.880	0.885	0.613
	TC2	0.796	0.030	26.690	***			
	TC3	0.931	0.014	65.818	***			
	TC4	0.894	0.020	44.998	***			
	TC5	0.592	0.040	14.655	***			

注：*** 表示 $p < 0.001$。

效度检验。在聚合效度方面，如表 4.2 所示，所有变量题项的标准化后因子载荷都达到了 0.7 以上，全部达到了 Chin（1998）要求的水平，目前使用的量表题项聚合效度较高。在区分效度方面，根据 Fornell 等（1981）的 Fornell-Larcker 准则进行判断，即所有变量题项的平均抽取方差（AVE）应大于变量间任何相关系数的平方，为简明比较，在表 4.2 中报告了 AVE 的平方根，结果显示所有变量的 AVE 平方根均大于任何其他变量的相关系数，变量具有较好的区分效度，各个变量在统计层面具有明显差异。

四　总效应与交互效应

1. 总效应与效应差异

在各类担当作为动机对担当角色认同的总效应方面，如表 4.3 所示，模型 4－1 是将控制变量放入模型时的情况，模型 4－1－1、模型 4－1－2、模型 4－1－3、模型 4－1－4、模型 4－1－5、模型 4－1－6 为在模型 4－1 的基础上，分别将担当偏好、担当价值观、担当认同、担当心安感、担当正压力、担当负压力放入模型中的结果。由表 4.3 可知，模型 4－1－1 中担当偏好对于担当角色认同的影响显著（B＝0.142，

表4.2 相关系数与区分效度

变量	平均值	标准差	TCP	TCV	TCI	TCE	TCPS	TCNS	SS	RT	TRI	OR	JA	TC
TCP	5.568	1.277	(0.881)											
TCV	5.797	1.111	0.730**	(0.897)										
TCI	6.017	1.061	0.641**	0.677**	(0.912)									
TCE	5.726	1.091	0.553**	0.572**	0.594**	(0.744)								
TCPS	4.092	1.574	0.080	0.031	-0.020	0.159**	(0.917)							
TCNS	3.731	1.669	-0.017	-0.036	-0.080	0.031	0.713**	(0.950)						
SS	4.551	1.289	0.385**	0.393**	0.368**	0.376**	0.066	0.028	(0.735)					
RT	4.249	1.513	-0.164**	-0.184**	-0.172**	-0.062	0.234**	0.245**	-0.272**	(0.877)				
TRI	5.492	1.078	0.176**	0.278**	0.314**	0.271**	-0.062	-0.163**	0.221**	-0.106*	(0.897)			
OR	5.273	1.250	0.172**	0.200**	0.237**	0.255**	0.043	-0.036	0.266**	-0.171**	0.537**	(0.879)		
JA	4.218	1.421	-0.189**	-0.194**	-0.184**	-0.216**	0.049	0.146**	-0.275**	0.409**	-0.046	-0.164**	(0.829)	
TC	5.419	1.062	0.343**	0.363**	0.364**	0.300**	-0.091	-0.156**	0.279**	-0.165**	0.328**	0.321**	-0.204**	(0.783)

注：a. 括号内为AVE的平方根；b. * 表示 $p<0.05$；** 表示 $p<0.01$；c. TCP = 担当偏好；TCV = 担当价值观；TCI = 担当认同；TCE = 担当心安感；TCPS = 担当正压力；TCNS = 担当负压力；SS = 上级支持；RT = 繁文缛节；TRI = 担当角色认同；OR = 职业声誉感；JA = 工作焦虑感；TC = 担当作为行为。

$p<0.01$）且放入模型后 R^2 更改差异显著，因此担当偏好对于担当角色认同有着显著正向影响，H4－1－1 得证。在模型 4－1－2 中担当价值观则对担当角色认同有着更为强烈的显著影响（$B=0.310$，$p<0.01$），且放入模型后 R^2 更改有了显著改善，因此说明担当价值观对于担当角色认同有着显著正向影响（$B=0.310$ 为正），H4－1－2 得证。

表 4.3　　担当偏好和担当价值观对担当角色认同的影响—总效应

	模型 4－1			模型 4－1－1			模型 4－1－2		
	B	SE	t	B	SE	t	B	SE	t
（常量）	4.045	0.609	6.643 **	3.200	0.660	4.851 **	2.130	0.665	3.204 **
担当偏好				0.142	0.046	3.115 **			
担当价值观							0.310	0.052	5.923 **
F	2.086			3.084			6.392		
R^2	0.041			0.067			0.130		
调整 R^2	0.021			0.045			0.109		
R^2 更改	—			0.026 **			0.089 **		

注：a. 本处省略了控制变量的系数；b. * 代表 $p<0.05$，** 代表 $p<0.01$；c. 模型 4－1－2 及模型4－1－3的 R^2 更改均以模型 4－1 为基础。

由表 4.4 可知，担当认同和担当心安感对于担当角色认同的影响全都显著且与模型 4－1 相比 R^2 更改均显著。由模型 4－1－3 可知，担当认同对于担当角色认同的影响显著（$p<0.001$），系数（$B=0.257$）为正，说明担当认同对于担当角色认同有着显著正向影响，H4－1－3 得证。在模型 4－1－2 中担当心安感也对担当角色认同有着显著影响（$B=0.260$，$p<0.001$）且放入模型后 R^2 更改有了显著改善，因此说明担当心安感对于担当角色认同有着显著正向影响，H4－2－1 得证。

表 4.4　担当认同和担当心安感对担当角色认同的影响—总效应

	模型 4-1			模型 4-1-3			模型 4-1-4		
	B	SE	t	B	SE	t	B	SE	t
（常量）	4.045	0.609	6.643 **	2.576	0.656	3.925 **	2.565	0.658	3.901 **
担当认同				0.257	0.051	5.049 **			
担当心安感							0.260	0.052	5.040 **
F	2.086			5.141			5.129		
R^2	0.041			0.107			0.107		
调整 R^2	0.021			0.086			0.086		
R^2 更改	—			0.066 **			0.066 **		

注：a. 本处省略了控制变量的系数；b. * 代表 $p<0.05$，** 代表 $p<0.01$；c. 模型 4-1-3 及模型4-1-4的 R^2 更改均以模型 4-1 为基础。

由表 4.5 可知，模型 4-1-5 中担当正压力对于担当角色认同的影响并不显著（$B=-0.025$，$p>0.05$），且放入模型后 R^2 更改并不显著，因此担当正压力对于担当角色认同并没有显著影响，H4-2-2 未能得证。但在模型 4-1-6 中担当负压力则对担当角色认同有显著负向影响（$B=-0.094$，$p<0.01$）且放入模型后 R^2 更改有了显著改善，因此说明担当价值观对于担当角色认同有着显著负向影响（$B=-0.094$ 为负），H4-2-3 得证。

表 4.5　担当正压力和担当负压力对担当角色认同的影响—总效应

	模型 4-1			模型 4-1-5			模型 4-1-6		
	B	SE	t	B	SE	t	B	SE	t
（常量）	4.045	0.609	6.643 **	4.203	0.653	6.441 **	4.540	0.630	7.211 **
担当正压力				-0.025	0.037	-0.678			
担当负压力							-0.094	0.034	-2.748 **
F	2.086			1.880			2.804		
R^2	0.041			0.042			0.061		

续表

	模型4－1			模型4－1－5			模型4－1－6		
调整 R^2	0.021			0.020			0.039		
R^2更改	—			0.001			0.021**		

注：a. 本处省略了控制变量的系数；b. * 代表 $p<0.05$，** 代表 $p<0.01$；c. 模型4－1－5及模型4－1－6的 R^2 更改均以模型4－1为基础。

总体而言，在本节所涉及的6个自变量中，担当正压力并未能够对担当角色认同产生显著影响，H4－2－2未能得证，其余自变量都对担当角色认同有着显著影响，H4－1－1、H4－1－2、H4－1－3、H4－2－1以及H4－2－3都得证。横向比较各类担当作为动机的影响强度时可以进一步发现，担当价值观的影响系数最高，为0.310，其次是担当心安感和担当认同，两者分别为0.260和0.257，再次是担当偏好，影响强度为0.142，最后是具备显著负向影响的担当负压力，影响系数为－0.094。可以发现，自我决定成分占比较大且在其中综合了部分外部因素的担当价值观是最突出的影响因素，自我决定成分占比相对较小的担当心安感以及担当认同次之，纯粹仅有自我决定成分的担当偏好的效果更弱，而作为受控动机的担当负压力抑制作用强度均不及其他担当作为动机的促进作用。这个结果印证了上一章的相关结论，结合了自我决定成分和少量外部因素的动机往往能够起到最大的影响效果，纯粹的自主动机效果较弱但仍好于纯粹被外部动机驱动不得不做的担当压力。

更进一步，本节在上一章的基础上细化担当压力为担当正压力和担当负压力。研究结果也再次验证了各类担当作为动机与担当角色认同的关系。值得一提的是，当区分正压力和负压力时，奖励和惩罚的作用大相径庭，甚至担当正压力对担当角色认同的作用并不显著，而担当负压力会适得其反，这一发现尤为值得关注。

2. 自主动机之间的交互效应

接着，使用PROCESS模块（Hayes，2013）探讨各类担当作为动机之间的交互作用。如果交互作用显著存在再作图，明确各类动机间交互作用的方向。自主动机中的担当偏好、担当价值观、担当认同是在动机轴线中自我决定成分最多的部分，因此首先检验在基层干部的自主动机间是否存在交互作用。由表 4.6 可知，担当价值观与担当偏好、担当认同与担当偏好、担当认同与担当价值观的交乘项系数都不显著，且模型的 R^2 更改也不显著，也就是说，担当价值观与担当偏好、担当认同与担当偏好、担当认同与担当价值观的交互效应都不显著，H4－3－1 部分不成立。

表 4.6　　自主动机对担当角色认同的影响—交互效应

	B	SE	t	LLCI	ULCI	R^2	R^2 更改
（常量）	2.838	0.783	3.624**	1.298	4.379	0.178**	0.004
担当价值观	0.263	0.084	3.115**	0.097	0.428		
担当偏好	－0.129	0.065	－1.966	－0.257	0.000		
担当价值观×担当偏好	0.039	0.031	1.260	－0.022	0.099		
（常量）	2.423	0.786	3.082**	0.877	3.969	0.181**	0.006
担当认同	0.197	0.083	2.362*	0.033	0.361		
担当偏好	－0.126	0.065	－1.933	－0.255	0.002		
担当认同×担当偏好	0.046	0.028	1.606	－0.010	0.101		
（常量）	4.405	0.769	5.726**	2.892	5.918	0.176**	0.001
担当认同	0.155	0.078	1.974*	0.001	0.309		
担当价值观	0.241	0.083	2.922**	0.079	0.404		
担当认同×担当价值观	0.026	0.033	0.781	－0.039	0.090		

注：a. 本处省略了控制变量部分的系数；b. * 代表表示 $p<0.05$，** 代表表示 $p<0.01$；c. LLCI、ULCI 为 95% 的置信区间。

3. 受控动机之间的交互效应

更进一步地，检验受控动机中担当心安感、担当正压力、担当负压力彼此间的交互作用。由表 4.7 可知，担当负压力与担当心安感的交乘项系数和 R^2 更改显示两者间并没有明显的交互效应，属于临界显著（$p=0.063$），为更精细化地探讨变量间的交互效应，对此分组画图明确变量间的交互方向；担当正压力与担当心安感、担当正压力与担当负压力的交乘项系数不显著，R^2更改也不显著，也就是说，担当负压力与担当心安感的交互效应处于临界状态，交互效应显著存在，H4－3－2部分成立。如图4.1绘制了担当负压力与担当心安感的交互效果，当基层干部的担当负压力越来越高，担当心安感对担当角色认同的促进作用逐渐减弱，基层干部在强烈的担当负压力下，更容易不认同担当作为是自身工作角色的一部分，甚至影响了原本作用积极的担当心安感。

表4.7　　受控动机对担当角色认同的影响—交互效应

	B	SE	t	LLCI	ULCI	R^2	R^2更改
（常量）	3.236	0.756	4.279**	1.749	4.724	0.175**	0.000
担当正压力	0.057	0.052	1.094	−0.046	0.160		
担当心安感	0.140	0.071	1.961	0.000	0.280		
担当正压力×担当心安感	0.014	0.033	0.412	−0.051	0.078		
（常量）	2.232	0.783	2.850**	0.692	3.772	0.183**	0.008
担当负压力	−0.116	0.046	−2.500*	−0.207	−0.025		
担当心安感	0.101	0.068	1.499	−0.032	0.234		
担当负压力×担当心安感	−0.057	0.031	−1.862	−0.117	0.003		
（常量）	1.950	0.672	2.900**	0.627	3.272	0.175**	0.000
担当正压力	0.055	0.053	1.041	−0.049	0.160		
担当负压力	−0.124	0.047	−2.622**	−0.217	−0.031		
担当正压力×担当负压力	−0.008	0.019	−0.446	−0.045	0.028		

注：a. 本处省略了控制变量部分的系数；b. * 代表表示 $p<0.05$，** 代表表示 $p<0.01$；c. LLCI、ULCI为95%的置信区间。

4. 自主动机与受控动机之间的交互效应

本节在前文自主动机和受控动机内部的交互作用检验基础上，超越自主动机和受控动机的边界，检验自主动机同受控动机彼此间的交互作用。由表4.8可知，担当负压力与担当价值观的交乘项系数和R^2更改同样处于临界显著状态（$p=0.057$），为精细化地在上一章基础上探讨

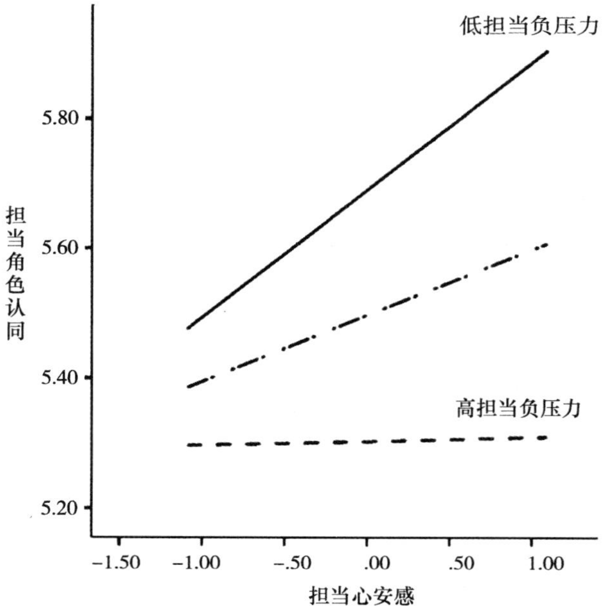

图 4.1　担当负压力与担当心安感的交互效应

担当正压力和担当负压力的差异，此处依旧对其分组作图，明晰交互作用的方向；剩余自主动机和受控动机间的交乘项系数不显著，R^2 更改也不显著，也就是说，担当负压力与担当价值观的交互效应显著存在，H4－3－3 部分成立。如图 4.2 绘制了担当负压力与担当价值观的交互效果，担当负压力越高，担当价值观对担当角色认同的促进作用也越逐渐减弱。

表 4.8　**自主动机和受控动机间担当角色认同的影响—交互效应**

	B	SE	t	LLCI	ULCI	R^2	R^2 更改
（常量）	2.158	0.827	2.611**	0.532	3.784	0.176**	0.001
担当心安感	0.135	0.067	2.025*	0.004	0.266		
担当偏好	－0.127	0.066	－1.935	－0.256	0.002		
担当心安感 × 担当偏好	0.023	0.029	0.776	－0.035	0.080		

续表

	B	SE	t	LLCI	ULCI	R^2	R^2 更改
（常量）	1.746	0.780	2.238 *	0.211	3.280	0.176 **	0.002
担当正压力	0.055	0.051	1.073	-0.046	0.156		
担当偏好	-0.117	0.067	-1.729	-0.249	0.016		
担当正压力×担当偏好	0.024	0.026	0.916	-0.028	0.075		
（常量）	0.880	0.799	1.101	-0.692	2.452	0.178 **	0.004
担当负压力	-0.124	0.046	-2.691 **	-0.215	-0.033		
担当偏好	-0.141	0.066	-2.141 *	-0.271	-0.011		
担当负压力×担当偏好	-0.029	0.024	-1.221	-0.076	0.018		
（常量）	4.228	0.742	5.699 **	2.769	5.687	0.174 **	0.000
担当心安感	0.129	0.066	1.946	-0.001	0.260		
担当价值观	0.214	0.080	2.668 **	0.056	0.371		
担当心安感×担当价值观	-0.002	0.037	-0.058	-0.075	0.070		
（常量）	3.718	0.759	4.896 **	2.224	5.211	0.177 **	0.003
担当正压力	0.074	0.052	1.437	-0.027	0.176		
担当价值观	0.211	0.076	2.795 **	0.063	0.360		
担当正压力×担当价值观	-0.038	0.036	-1.056	-0.110	0.033		
（常量）	2.889	0.755	3.828 **	1.404	4.373	0.183 **	0.009
担当负压力	-0.119	0.046	-2.588 *	-0.210	-0.029		
担当价值观	0.218	0.075	2.900 **	0.070	0.366		
担当负压力×担当价值观	-0.061	0.032	-1.908	-0.124	0.002		
（常量）	3.777	0.830	4.552 **	2.145	5.409	0.175 **	0.000
担当心安感	0.131	0.066	1.967	0.000	0.261		
担当角色认同	0.152	0.079	1.932	-0.003	0.307		
担当心安感×担当认同	0.011	0.035	0.328	-0.057	0.080		
（常量）	3.330	0.809	4.113 **	1.737	4.922	0.175 **	0.000
担当正压力	0.060	0.051	1.178	-0.040	0.161		
担当认同	0.153	0.079	1.932	-0.003	0.308		
担当正压力×担当认同	0.009	0.029	0.298	-0.049	0.067		

续表

	B	SE	t	LLCI	ULCI	R^2	R^2更改
（常量）	2.486	0.812	3.061 **	0.888	4.084	0.178 **	0.003
担当负压力	-0.125	0.046	-2.702 **	-0.215	-0.034		
担当角色认同	0.143	0.078	1.821	-0.011	0.297		
担当负压力×担当认同	-0.030	0.026	-1.135	-0.082	0.022		

注：a. 本处省略了控制变量部分的系数；b. * 表示 $p<0.05$，** 表示 $p<0.01$；c. LLCI、ULCI 为 95% 的置信区间。

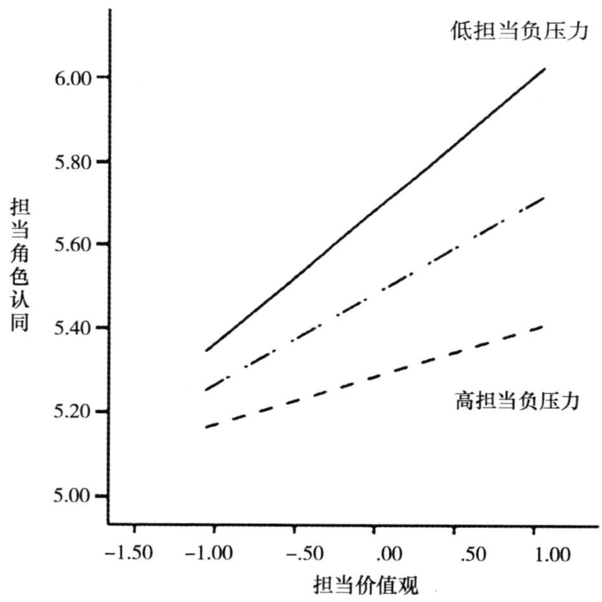

图 4.2　担当负压力与担当价值观的交互效应

五　研究结论

本节检验了各类动机对担当角色认同的总效应，以及各类动机影响担当角色认同时彼此间的交互效应。总效应部分，担当偏好、担当价值观、担当认同、担当安心感对担当角色认同的形成均有促进作用，其中担当价值观的作用最强，之后依次是担当心安感和担当认同，最后是担当偏好。这说明固然内化的自主动机在影响强度上大于受控动机，但激励基层干部担当作为也不可全然忽视受控动机，外界的受控动机往往也有着关键作用。在“自主性—受控性”轴线中位于中间位置的担当价值观、担当心安感和担当认同作用较强，这也印证了第三章的结论。此外，本节在第三章的基础上考虑到损失厌恶，细化担当压力为担当正压力和担当负压力，结果显示担当正压力的效果并不显著，担当负压力能够对担当角色认同的形成造成显著负向影响。这也说明了细化担当压力的必要性。

交互效应部分，担当负压力与担当价值观、担当心安感的交乘项系数分别临界显著，并且表现为担当负压力越高，担当价值观和担当心安感对于担当角色认同的积极影响便逐渐减弱。尽管在总效应上，担当价值观和担当心安感对担当角色认同的影响效果都很强，但担当负压力在其中起到了“底线”和“阈值”的作用，担当负压力可以保持低水平或中水平，但绝不能维持在高水平上。如果外界对于基层干部具备颇多指责和压力，那么为了“避责”众多基层干部即使在价值观上认同担当作为，不担当作为受良心谴责，他们出于外界压力也“不敢为”。因此，尤其在中国的基层干部工作情境中，关注担当负压力更加重要，管理者应该始终保持外界对基层干部负压力的审慎，为更多干部担当作为创造“愿为”“敢为”的环境。

第二节　担当作为动机、角色认同与行为之间的调节效应

一　研究背景

本节将在上一节探讨担当作为动机与担当角色认同之间的交互作用基础上，进一步探索担当作为动机与担当角色认同之间、担当角色认同与担当作为行为之前的调节作用，细化行为机制的边界。马斯洛（Maslow）指出，尽管行为往往由动机决定，但动机毕竟只是行为的决

定因素之一，个体行为还会受到个体的人际关系和所在的环境影响（Maslow，1943）。从个体本身出发，除考虑个体本身外还需要将个体纳入其所在环境，考虑个体与环境的互动。一方面，在担当作为动机和担当角色认同间，官僚制的科层结构下干部同他们的同事和服务对象的人际关系往往以去人性化（Depersonalization）的要求为导向，他们需要以“公事公办”的态度防止可能的贪污受贿和裙带关系（沙夫里茨、海德，2019）。上级支持是具备担当作为意愿的基层干部敢于“放手去干”的肯定和底气。在这样的情境下，干部获得掌握监督和考核的上级支持意味着工作中有更充足的资源和精气神，能够积极帮助担当作为动机在实践中转化为干部的担当作为角色身份，即担当角色认同；另一方面，在干部日常工作中，各种繁杂事务背后的繁文缛节作为环境中的“负向因素”向来颇受诟病（郭晟豪，2020）。繁文缛节的存在也就意味着干部在完成工作时需要无效耗散精力，他们的工作动机因而受挫（Moynihan & Pandey，2007），那么担当作为动机原本对担当角色认同的积极作用也很可能在经年累月的消磨中耗散。

此外，当基层干部形成担当角色认同之后，同事和服务对象的群际互动往往以职业声誉等内容为媒介作为一种间接的评价反馈。接收到积极反馈后，干部产生的积极职业声誉感能让其更好地以该角色的标准要求自身，并将标准付诸实践（汪光炜、卫旭华，2021），也即担当作为。另外，基层干部的工作压力较大，尤其是在基层存在工作任务的繁重以及工作考核的严格，干部非常容易产生工作焦虑感（Ehrnrooth & Björkman，2012）。虽然干部形成了担当角色认同，但是如果存在工作焦虑感很容易产生负面的效果。那么对于干部而言，这些因素是否会影响干部担当作为动机与担当角色认同之间、担当角色认同与担当作为行为之间的关系？影响的边界又是怎样？这即是本节旨在探讨的问题。

二　研究假设

1. 上级支持与繁文缛节的调节作用

由于基层干部位处“基层治理最末端，联系群众最前沿”的各项方针政策的落实层面，其工作更多是完成上级领导指派的各项具体任务，在观念塑造方面受到上级影响频繁且深刻（任兵等，2023）。上级支持是一种个体感受到上级重视其贡献、关心其福祉，并愿意为其提供支持实际帮助的总体感受（Kottke & Sharafiniski，1988；Shanock & Eisenberger，2006）。当基层干部个体身处能明确感受到上级给予其帮助、激励的环境中，驱动自身担当作为的各类动机往往更容易整合成“担当”是自己特征的认识，动机与担当角色认同之间形成强有力的正向关系；而倘若基层干部感觉不到上级给予自身的支持，则会不确定自身的各种担当作为动机是否合理而必要，难以形成担当是自身特征的认识，担当动机的提高不容易促进个体将担当视为自身特征的一部分。因此，提出如下假设。

H4－4：上级支持调节基层干部担当作为动机与担当角色认同之间的关系。

具体包括：上级支持调节基层干部担当偏好（H4－4－1）、担当价值观（H4－4－2）、担当认同（H4－4－3）、担当心安感（H4－4－4）、担当正压力（H4－4－5）和担当负压力（H4－4－6）与担当角色认同之间的关系。

另一个值得关注的问题是，基层干部往往面临形式主义、官僚主义所引起的“工作留痕病”（刘哲等，2021），大量、重复的工作记录常给干部带来沉重负担，难有精力再将自身的各类担当作为动机整合为担当是自身特征的认识。过度的留痕究其实质是一种繁文缛节，即个体在组织中不得不面对的冗余规则和繁琐事务（Bozeman，1993）。既有研究表明，繁文缛节会消耗干部的精力，对他们产生束缚（郭晟豪，2021b）。在繁文缛节水平高的环境中，干部易于对担当作为“心有余而力不足”，各类担当作为动机的增强难以有效形成干部的担当角色认同；而在不具有过多繁文缛节约束的环境中，干部拥有更多将担当动机转化为自身角色认同的精力，更容易使干部担当视为自身特征的一部分。综上所述，提出以下假设。

H4－5：繁文缛节调节基层干部担当作为动机与担当角色认同之间

的关系。

具体包括：繁文缛节调节基层干部担当偏好（H4－5－1）、担当价值观（H4－5－2）、担当认同（H4－5－3）、担当心安感（H4－5－4）、担当正压力（H4－5－5）和担当负压力（H4－5－6）与担当角色认同之间的关系。

2. 职业声誉感与工作焦虑感的调节作用

即便是形成了担当角色认同的基层干部，能否最终实施担当作为行为仍然受到很多其他因素影响，一个重要因素即代表了基层干部的声誉形象和公众对基层干部的评价反馈的职业声誉感（Ashforth et al.，2013）。群众对基层干部积极的声誉形象和评价反馈可以被视为一种特殊的“工作资源”。根据工作要求—资源模型工作资源不但能够激励个体内部的驱动成长、促进学习和激励发展，而且还能够直接帮助个体达成外部期望的工作目标（Bakker et al.，2007）。来自群众的支持与反馈这类特殊的工作资源能够驱动个体从角色认同到行为之间的转化。职业声誉感高的干部被作为其服务对象的公众给予了更多期望，更容易将担当是自身特征的认识付诸实践，增强担当角色认同与担当作为行为之间的关系；反之，职业声誉感低的干部则相对缺乏将担当角色认同转化为实际行为的动力。因此提出以下假设。

H4－6：职业声誉感调节基层干部的担当角色认同与担当作为之间的关系。职业声誉感越高，担当角色认同与担当作为之间的正向关系越强，反之越弱。

在现实中，基层干部往往面临一定程度的“权责不对等”现象。“上面千条线，下面一根针”，各级各类政策往往最终都要依靠基层落实，而基层能行使的行政权限有时并不足以完成这些任务，这让许多基层干部深陷工作焦虑。工作资源的缺乏则会导致基层干部难以实现预期工作目标，由于担心工作失败进而产生退缩，陷入工作焦虑（House & Rizzo，1972；Ehrnrooth & Björkman，2012）。工作焦虑感水平高会让基层干部在现实工作中“畏首畏尾”，即便认定了自身是具有担当作为特征的干部，也容易不敢将担当作为行为付诸实践；而工作焦虑感水平低的干部则往往没有过多后顾之忧，更容易主动尝试依照自己对自身担当角色的定位去实践，积极担当作为。因此，提出以下假设。

H4－7：工作焦虑感调节基层干部的担当角色认同与担当作为之间的关系。工作焦虑感越高，担当角色认同与担当作为之间的正向关系越弱，反之越强。

三　研究设计

本小节的研究样本、测量工具以及测量工具的信效度已在上一节阐明。

四　两阶段的调节效应检验

1. 各类担当作为动机与担当角色认同间的调节效应

首先，研究上级支持的调节作用。由表4.9可知，包括担当偏好、担当价值观和担当认同在内的各类自主动机与上级支持的交乘项系数不显著（$p>0.05$），且模型的R^2更改也并不显著，由此可见上级支持不会显著影响各类自主动机与担当角色认同间的关系，假设H4－4－1、H4－4－2、H4－4－3不成立。类似地，担当心安感、担当正压力和担当负压力等受控动机与上级支持的交乘项系数和模型的R^2更改同样也不显著（$p>0.05$），H4－4－4、H4－4－5和H4－4－6也都不成立。

表4.9　**上级支持在各类担当作为动机与担当角色认同间的调节效应**

	B	SE	t	LLCI	ULCI	R^2	R^2更改
（常量）	3.860	0.595	6.493**	2.691	5.029	0.105**	0.001
担当偏好	0.083	0.050	1.669	-0.015	0.182		
上级支持	0.176	0.047	3.719**	0.083	0.270		
担当偏好×上级支持	0.020	0.031	0.648	-0.040	0.080		
（常量）	3.906	0.578	6.753**	2.769	5.044	0.151*	0.002
担当价值观	0.279	0.062	4.477**	0.157	0.402		
上级支持	0.122	0.047	2.607**	0.030	0.213		

续表

	B	SE	t	LLCI	ULCI	R^2	R^2更改
担当价值观×上级支持	0.036	0.037	0.955	-0.038	0.109		
（常量）	4.004	0.587	6.817**	2.848	5.159	0.134**	0.005
担当认同	0.222	0.059	3.779**	0.106	0.338		
上级支持	0.135	0.047	2.859**	0.042	0.228		
担当认同×上级支持	0.046	0.035	1.332	-0.022	0.114		
（常量）	3.900	0.585	6.661**	2.748	5.051	0.131**	0.000
担当心安感	0.200	0.059	3.386**	0.084	0.315		
上级支持	0.143	0.047	3.060**	0.051	0.235		
担当心安感×上级支持	0.003	0.034	0.097	-0.064	0.070		
（常量）	3.924	0.598	6.560**	2.748	5.101	0.104**	0.003
担当正压力	-0.027	0.037	-0.741	-0.100	0.045		
上级支持	0.203	0.044	4.574**	0.116	0.290		
担当正压力×上级支持	-0.028	0.025	-1.104	-0.078	0.022		
（常量）	3.982	0.589	6.762**	2.824	5.141	0.122**	0.002
担当负压力	-0.094	0.034	-2.765**	-0.160	-0.027		
上级支持	0.208	0.044	4.772**	0.122	0.294		
担当负压力×上级支持	-0.019	0.024	-0.805	-0.067	0.028		

注：a. 本处省略了控制变量部分的系数；b. * 表示 $p<0.05$，** 表示 $p<0.01$；c. LLCI、ULCI 为95%的置信区间。

接着，讨论繁文缛节在各类担当作为动机与担当角色认同间的调节效应。由表4.10可知，在自主动机中，担当偏好、担当认同两个动机与繁文缛节的交乘项系数不显著（$p>0.05$），且模型的 R^2 更改不显著，假设 H4-5-1、H4-5-3 不成立；但担当价值观与繁文缛节的交乘项处于临界显著状态（$p=0.057$），为明确其作用，后续本节进一步确认该变量所起到的调节作用。在受控动机中，担当心安感与繁文缛节的交乘项不显著（$p>0.05$），且模型的 R^2 更改不显著，即繁文缛节不会显著影响担当心安感与担当角色认同间的关系，假设 H4-5-4 不成立；

担当正压力与繁文缛节的交乘项显著（$p<0.01$），且模型的 R^2 更改显著，即繁文缛节在担当正压力与担当角色认同间存在调节效应，假设 H4－5－5 成立；担当负压力与繁文缛节的交乘项显著，且模型的 R^2 更改显著，繁文缛节在担当负压力与担当角色认同间存在调节效应（$p<0.05$），故后文同样进一步精细化阐明该变量的调节情况，假设 H4－5－6 成立。

表 4.10 **繁文缛节在各类担当作为动机与担当角色认同间的调节效应**

	B	SE	t	LLCI	ULCI	R^2	R^2更改
（常量）	3.980	0.602	6.615 **	2.797	5.164	0.073 **	0.000
担当偏好	0.136	0.046	2.945 **	0.045	0.227		
繁文缛节	－0.048	0.039	－1.218	－0.126	0.030		
担当偏好×繁文缛节	－0.012	0.032	－0.395	－0.075	0.050		
（常量）	3.905	0.580	6.729 **	2.763	5.047	0.141 **	0.009
担当价值观	0.324	0.054	6.017 **	0.218	0.429		
繁文缛节	－0.018	0.038	－0.464	－0.092	0.057		
担当价值观×繁文缛节	－0.071	0.037	－1.913	－0.144	0.002		
（常量）	4.049	0.587	6.894 **	2.894	5.204	0.340 **	0.006
担当认同	0.265	0.053	5.052 **	0.162	0.369		
繁文缛节	－0.030	0.038	－0.798	－0.105	0.044		
担当认同×繁文缛节	－0.047	0.031	－1.512	－0.109	0.014		
（常量）	4.050	0.589	6.880 **	2.892	5.207	0.114 **	0.000
担当心安感	0.259	0.052	5.006 **	0.157	0.360		
繁文缛节	－0.062	0.037	－1.673	－0.136	0.011		
担当心安感×繁文缛节	0.007	0.033	0.201	－0.058	0.071		
（常量）	4.158	0.609	6.829 **	2.960	5.355	0.071 **	0.022 **
担当正压力	－0.009	0.038	－0.240	－0.084	0.066		
繁文缛节	－0.060	0.039	－1.525	－0.136	0.017		

续表

	B	SE	t	LLCI	ULCI	R^2	R^2更改
担当正压力×繁文缛节	0.061	0.021	2.839 **	0.019	0.102		
（常量）	4.195	0.603	6.954 **	3.008	5.382	0.075 **	0.011 *
担当负压力	-0.087	0.035	-2.465 *	-0.156	-0.018		
繁文缛节	-0.042	0.039	-1.075	-0.118	0.035		
担当负压力×繁文缛节	0.038	0.019	1.985 *	0.000	0.076		

注：a. 本处省略了控制变量部分的系数；b. * 表示 $p<0.05$，** 表示 $p<0.01$；c. LLCI、ULCI 为 95% 的置信区间。

为更直观地表现繁文缛节的调节效应，图 4.3（a）（b）（c）分别绘制了不同繁文缛节水平下担当价值观、担当正压力、担当负压力与担当角色认同的关系强度。结果表明，伴随繁文缛节水平的上升，担当价值观对担当角色认同的正面作用会有所下降，担当正压力对担当角色认同的负向影响不断下降，直至转为正向并不断提高，而担当负压力对担当角色认同的负面影响也出现不断下降。这说明，繁文缛节的提高会普遍削弱担当价值观、担当正压力以及担当负压力对担当角色认同原有方向的影响，甚至对于担当正压力，原有的影响关系甚至会因此出现方向上的改变。结合现实实践不难解释这一现象：对于大多本身往往就面临着相对繁杂的日常事务与繁重的工作压力的基层干部，诸如完成工作记录、填写日常表格等繁文缛节在低水平时，基层干部在处理工作时尚且有一定的自主空间，对自己的角色定位更容易被自身动机所左右；而倘若这种繁文缛节的水平很高，基层干部单单是为了应对这些繁文缛节就要耗费大量时间，在完成工作任务过程中更加应接不暇，原有的担当动机对于担当角色认同的影响也自然会受到削弱。

与此同时，繁文缛节自身具有两面性：对于一部分相对而言主动担当、积极作为的干部，繁文缛节的存在对他们是一种阻碍，可能会造成他们精力耗散、工作效率降低等负面后果（Moynihan & Pandey，2007）；但对于本身并不热衷于担当作为的干部，繁文缛节其实反而起到一种“提振”作用，这些基层干部在繁文缛节的要求下不得不必须按照繁文缛节所规定的工作流程完成各项具体任务，提升了工作流程的规范性。在这一过程中，不具有强烈自主性担当作为动机的干部被迫加入到相对而言“担当”的行为流程之中，也会开始有意识地将“担当”的过程整合纳入对自身角色认识的一部分。这在一定程度上解释了为什么在较低水平繁文缛节环境下，基层干部的担当正压力对其担当角色认同起到负面影响，而伴随繁文缛节水平的不断提高，担当正压力对角色认同的负向影响减弱直至转为正面影响：相对而言那些缺乏自主性担当作为动机的基层干部更容易受到担当正压力影响，而这些干部正是前文所讨论的那些不热衷于主动作为的干部。相对高水平的繁文缛节反而对他们起到提振作用，使他们更有机会因担当行为受到奖励，进而将担当整合入自己的角色，达到增强担当正压力对担当角色认同作用的效果。

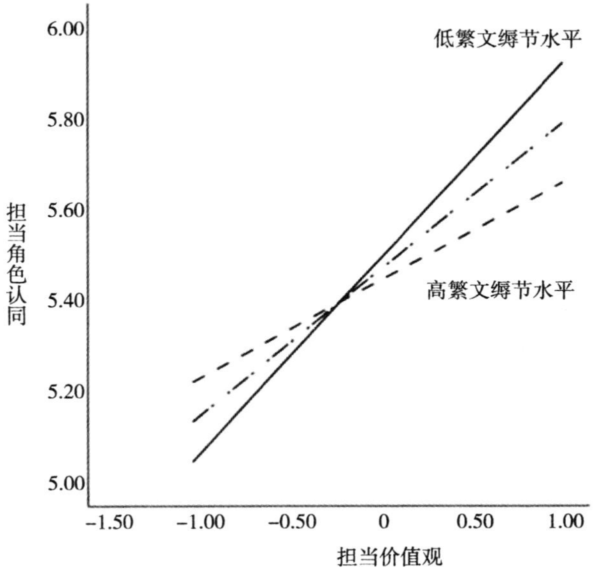

(a) 繁文缛节在担当价值观与担当角色认同间的调节作用

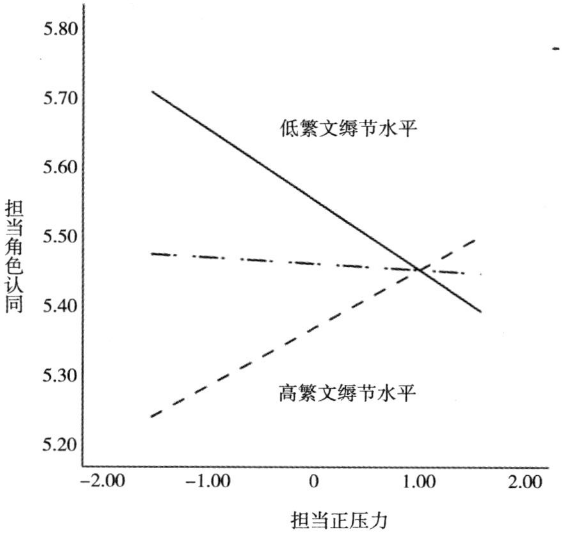

（b）繁文缛节在担当正压力与担当角色认同间的调节作用

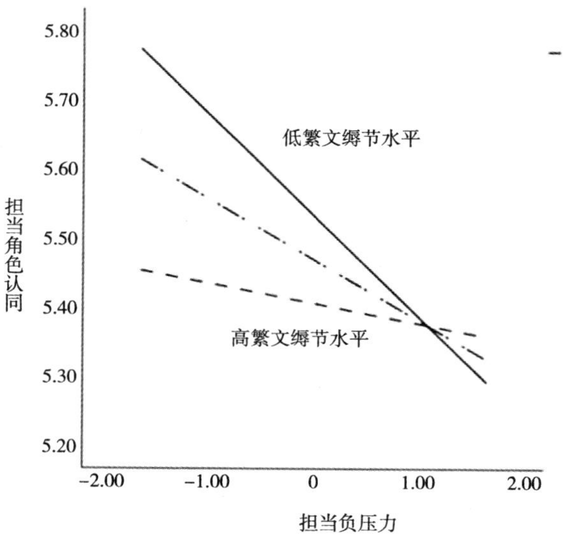

（c）繁文缛节在担当负压力与担当角色认同间的调节作用

图 4.3　繁文缛节的调节作用效应

2. 担当角色认同与担当作为行为间的调节效应

接着，研究职业声誉感在担当角色认同与担当作为行为间的调节效应。由表4.11可知，担当角色认同与职业声誉感的交乘项系数不显著，且模型的 R^2 更改不显著，即职业声誉感不会显著影响担当角色认同与担当作为间的关系，假设 H4-6 不成立。

表4.11　职业声誉感在担当角色认同与担当作为行为间的调节效应

	B	SE	t	LLCI	ULCI	R^2	R^2 更改
（常量）	5.200	0.570	9.120**	4.079	6.322	0.168**	0.005
担当角色认同	0.198	0.059	3.337**	0.081	0.315		
职业声誉感	0.158	0.050	3.125**	0.058	0.257		
担当角色认同×职业声誉感	-0.043	0.030	-1.462	-0.101	0.015		

注：a. 本处省略了控制变量部分的系数；b. * 表示 $p<0.05$，** 表示 $p<0.01$；c. LLCI、ULCI 为95%的置信区间。

接下来探讨工作焦虑感在担当角色认同与担当作为行为间的调节效应。由表4.12可知，担当角色认同与工作焦虑感的交乘项系数显著，且模型的 R^2 更改显著，即工作焦虑感在担当角色认同与担当作为行为间存在调节效应，假设 H4-7 成立。

表4.12　工作焦虑感在担当角色认同与担当作为行为间的调节效应

	B	SE	t	LLCI	ULCI	R^2	R^2 更改
（常量）	5.169	0.559	9.238**	4.068	6.269	0.186**	0.022**
担当角色认同	0.340	0.050	6.735**	0.240	0.439		
工作焦虑感	-0.140	0.038	-3.691**	-0.215	-0.065		
担当角色认同×工作焦虑感	0.087	0.029	3.043**	0.031	0.143		

注：a. 本处省略了控制变量部分的系数；b. * 表示 $p<0.05$，** 表示 $p<0.01$；c. LLCI、ULCI 为95%的置信区间。

为了更加直观地表现研究检验的工作焦虑感的调节效应，图4.4绘制了工作焦虑感水平在不同水平下担当作为行为的强度。结果表明，随着工作焦虑感水平的升高，担当角色认同对担当作为行为的正面作用会不断上升。这表明当干部认同自己的担当角色时，一些工作焦虑感可能被视为挑战性压力，进而激发干部担当作为。

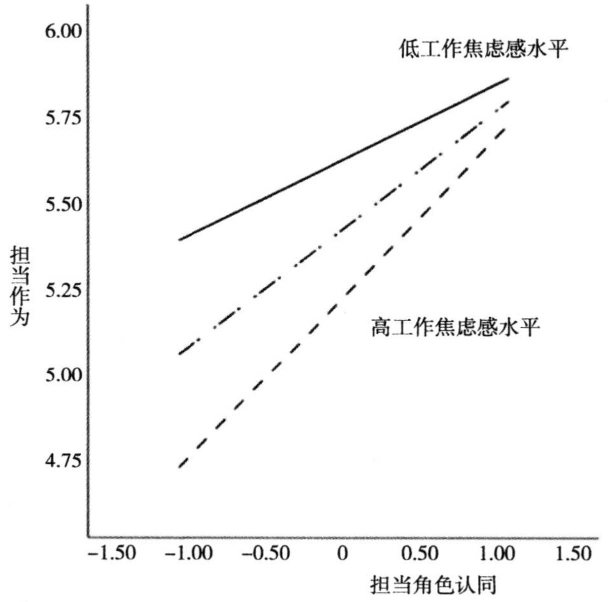

图 4.4 工作焦虑感的调节作用效应

五 研究结论

本节以角色认同理论为基础，分两阶段检验了各类因素对基层干部担当角色认同的影响。在第一阶段，本节考虑到个体对于多种动机的内在认同与整合，具体关注上级支持、繁文缛节在担当作为动机与担当角色认同间的调节效应。在第二阶段，进一步以角色认同理论和工作要求—资源模型为基础，检验了职业声誉感和工作焦虑感在担当角色认同与担当作为行为间的调节效应。

关于第一阶段的调节，在上级支持部分，基层干部的内在调节（担当偏好）、整合调节（担当价值观）、认同调节（担当认同）、内摄调节（担当心安感）、外在调节（担当正压力/担当负压力）与担当角色认同间的关系均不受上级支持的显著影响。这说明上级支持作为基层干部担当角色认同的社会结构和环境因素时，不会对他们的自主动机和受控动机产生显著影响。在繁文缛节部分，该因素在整合调节（担当价值观）和外在调节（担当正压力/担当负压力）与担当角色认同间起调节作用，且普遍会削弱上述三类担当作为动机对担当角色认同原有方向的影响。特别对于外在调节（担当正压力），繁文缛节水平的不断提高会使基层干部的担当正压力对担当角色认同的负向影响渐弱，直至转变为越来越强的正向影响。本节发现，尽管繁文缛节存在造成基层干部精力无效耗散等一系列负面效果，并会造成基层干部担当价值观对其担当角色认同作用的减弱，却也有一定意义上的积极作用。高水平的繁文缛节下，即便是本身需要担当正压力、担当负压力才能鼓励或震慑其担当角色认同的干部，也会因为不得不面对大量的繁文缛节事务而因担当作为被奖励或避免因不作为被处罚的机会，从而对担当角色认同的产生起到正面作用。因此，必须正视基层干部工作环境中的繁文缛节，进一步厘清哪些是繁琐而必要的规则制度，哪些是束缚基层干部担当作为的毫无意义的沉疴痼疾。

关于第二阶段的调节，在职业声誉感部分，研究发现职业声誉感并不能调节担当角色认同与担当作为行为之间的关系。既有的研究表明，职业声誉感能够使得基层干部产生认同，进而产生公共服务动机。这可能因为职业声誉感虽然代表群众对基层干部工作的认可，但将其作为一种工作资源来看效用可能与担当角色认同一致，两者独立作用于基层干部。工作焦虑感能够调节担当角色认同与担当作为行为之间的正向关系，即工作焦虑感水平越高，担当角色认同对担当作为行为的正向影响越强。这可能源于当基层干部面对挑战性压力时，拥有足够的工作资源，能够直面压力并应对，完成组织或自身的目标，进而获得更多资源，而实现了工作资源的增益。

第三节 本章小结

本章沿用上一章自我决定理论“自主性—受控性”轴线将担当作为动机划分为自主动机和受控动机。基于上一章的研究结论，本章考虑到损失厌恶，将受控动机中的外在调节（担当压力）进一步划分为担当正压力和担当负压力，量化研究了基层干部担当作为动机同担当角色认同之间的关系。研究发现，担当正压力与担当负压力的作用效果不尽相同，担当负压力能够对基层干部的担当角色认同产生负向影响，而担当正压力对基层干部的担当角色认同的影响则不显著；担当负压力的水平还能够抑制担当价值观与担当心安感对基层干部担当角色认同的正面作用，这说明一味强调激励或惩处都难以真正鼓励基层干部担当作为，而是需要基层干部先“内化于心”，方能“外化于行”。

其次，本章以角色认同理论精细地研究基层干部受到各类因素影响而产生的担当作为动机到担当角色认同之间产生的变化。基层干部的担当作为自主动机相对稳健，自主动机中只有担当价值观会受到显著繁文缛节调节，伴随繁文缛节水平的提高，担当价值观对担当角色认同的负向影响逐渐减弱；而本身便来自于外界的受控动机担当正压力、担当负压力则均会受到繁文缛节的显著影响，伴随繁文缛节的水平提高，担当负压力对担当角色认同的负向影响渐弱，而担当正压力对担当角色认同的负向影响不仅逐渐减弱，甚至在繁文缛节达到足够高水平时转为正向影响。

最后，本章发现基层干部的职业声誉感不会显著影响干部担当角色认同与担当作为行为之间的关系，而工作焦虑感却能够正向激励干部担当角色认同与担当作为行为的影响，研究结论为干部担当作为发生路径的精细化研究以及激发干部担当作为的管理实践提供了有效启示。

在研究方法上，本章采用多时点采样研究担当作为动机与担当作为角色认同以及担当作为行为之间的关系，弥补了前章采用同源数据可能出现同源方法偏差的不足。同时，研究了动机间的交互作用和其他因素对干部担当作为的影响。但本章仍发现干部担当作为动机之间的强度与自我决定理论的判断并不一致，未来仍有继续深耕两者关系，提升研究稳健性的空间。此外，本章并未对基层干部所处的环境进行干预，也未引入他评对干部担当作为行为进行评价，后续研究可采取实验干预组织结构和环境因素，以及结合他评形式继续深化对干部担当作为动机、担当作为角色认同和担当作为行为的研究。

此外，根据第二章的研究结论，担当作为的意涵对于不同的基层干部有着不同的表现。对于基层干部而言，积极工作和消极怠工是两种最为典型的行为表现，对应在第二章中许多基层干部所认为的做好本职工作。在本章及上一章关注在一般性工作的基础上做出表率的基础上，有必要关注现实情境的“变数”，从完成工作的角度持续研究更饱满的担当作为。

第五章　变数：以更饱满的担当作为应对挑战

在精细化探索了担当作为行为机制及其适用边界之后，本章立足当代中国基层干部担当作为管理实践的现实情境，选取基层干部担当作为在现实中格外突出的“工作投入”与不作为格外突出的“怠惰行为”，探究如何实现工作投入的提升与怠惰行为的抑制，分别分析组织不良风气和政治忠诚型领导对干部工作投入的作用以及具体路径、赋予干部工作方法自主权对其怠惰行为的作用与路径。

第一节　提振工作投入：集体与道德的力量

一　研究背景

习近平总书记强调，作风建设永远在路上。在当前的政府部门中，干部受到了两种力量的左右。一方面，一直以来存在的不良组织风气虽有遏制，但并未完全根除（金正波，2019；张格、陆浩，2021）。部分组织内存在拉帮结派、搞小团体的现象，这种不思进步反而大肆拉踩的不良风气极大地打击了干部干事作为的积极性；另一方面，我国干部与部门领导的关系紧密，在当前强调领导干部要身体力行不断提高政治站位和政治自觉，形成“头雁效应”的情况下，领导者的政治忠诚成为了领导管理实践的重点内容（张书维等，2019），并被期待起到对干部的正面带动作用。一则“白沙在涅，与之俱黑”，二则“蓬生麻中，不扶而直”，立足当前的中国情境，在组织不良风气或政治忠诚型领导风格之下，干部会如何受到二者的影响，何去何从？当前党和政府格外强调广大干部担当作为、真抓实干，那么干部的工作投入是否会受到影响？

此外，中国既有集体传统，又有相当浓厚的道德观，这也是我国干部行为产生的两大潜在机制。在组织内的集体感可以归为组织认同，已有研究发现组织认同是从个体与组织的关系解释干部行为的一项关键因素（郭晟豪，2021b），组织认同桥接了环境因素与个体的行为产出。而作为道德在组织情境内的体现，个体的道德认同是从道德的层面解释行为的关键因素，且相比道德特征在组织情境中更具解释力（May et al.，2015）。尤其是工作投入在我国爱岗敬业的价值观中已经成为了一种道德行为表现，因此组织认同与道德认同可能均发挥着从环境到个体行为的中介作用。那么，对于干部而言，处于组织不良风气或政治忠诚型领导下会与之化矣吗？两者会否影响，又会如何影响干部的工作投入，其中的关键路径是什么？本节即旨在回应上述问题。

二　研究假设

1. 组织不良风气、政治忠诚型领导与工作投入

长久以来，公共部门内部的环境因素对干部的影响一直备受关注。社会认知理论认为，个体所处环境会对其实际行为造成影响（Bandura，1999）。一方面公共部门的组织风气对干部的影响不容忽视；另一方面由于我国党政机关内部普遍采取“下管一级”的人事管理制度，相邻组织层级间关系十分密切（景跃进等，2016），领导的管理风格也会影响干部的状态。事实上，唐斯（Anthony Downs）的《官僚制内幕》中就曾强调组织和领导者均会对行政官员的动机和行为产生影响（安东尼·唐斯，2006）。因此，广大干部的工作认知和行为与公共部门的组织氛围与领导者风格大有关联。本部分聚焦在当前中国情境下作用最突出的“一反一正”两项代表性因素，即“组织不良风气”与“政治忠诚型领导”，在党和国家号召干部担当作为的背景下，深入探究其影响干部工作投入的作用机制。

组织氛围已被证实可以影响个体的认知和行为（顾远东、彭纪生，

2010；沈伊默等，2019）；但是具体到公共部门，尤其是组织不良风气的研究则相对并不充分。实践表明，不良风气在公共部门组织内部蔓延对干部工作态度的影响尤甚。尽管党的十八大以后中央政治局着力“狠刹不正之风”，党政机关政治作风整治成效显著（柳宝军，2018），然而不良风气仍未得到完全根除。部分干部热衷于尊己卑人、钩心斗角，另有一些干部以团结互助之名，行结党营私之实，公然在组织内部搞起“小团体”。此类不良风气的存在仍是政治生态的威胁。如此类似拉踩、搞小团伙的不良风气可被归结为组织“政治”化行为（general political behavior）（Kacmar & Carlson，1997），该类行为对组织的负面作用明显（Ferris & Kacmar，1992），本部分尤其关注以此类现象为代表的组织不良风气。当公共部门组织内的不良风气持续存在时，干部久而久之会感到失望，促使干部对组织逐渐滋生厌恶、抵触心理，对工作丧失积极性，对组织交办的工作心生反感，不愿投入工作，在行为上最终“近墨者黑”。因此，可以推论组织不良风气将影响干部的工作投入，据此提出假设 H5－1－1。

H5－1－1：组织不良风气与干部的工作投入有负向关系。

已有研究验证了在公共部门情境中诸如变革型领导（Jensen & Bro，2018）、交易型领导（Caillier & Sa，2017）等领导风格的重要作用。但是鉴于公共部门的特殊属性，公共管理研究应该重视具有公共部门特点的领导风格（Tummers & Knies，2016；Campbell，2018；Hartley et al.，2019）。在我国，坚定执行党的政治路线、党中央提倡的坚决响应、党中央决定的坚决执行、党中央禁止的坚决不做是对干部的基本要求（胡敏，2018）。政治忠诚主要体现在对上层政治决定的拥护认同与坚决执行。习近平总书记指出，“对党忠诚必须是纯粹的、无条件的，是政治标准、更是实践标准，鲜明体现在坚决贯彻党中央决策部署上”。在公共部门内，领导者对上级决策的拥护、执行与否对其下属有着重要影响。领导者在上级政策下达后表现出支持、拥护的政治忠诚将发挥“头雁效应”，对部门内干部执行上级政治决定产生激励，敦促成员在决策执行态度方面发生转变。目睹了领导者的政治忠诚，干部会愈发受到感召，从而加大对自身所从事工作的投入。也就是说，领导者的政治忠诚型领导行为将带来所管理的干部工作上的转变，进而使得干部积极投入工作，据此本章提出假设 H5-1-2。

H5-1-2：政治忠诚型领导与干部的工作投入有正向关系。

2. 组织认同和道德认同的多重中介作用

更为精细地，根据社会认知理论，环境对于个体的影响起始于对其认知、观念的改变（Klaas，2012）。无论是组织不良风气还是政治忠诚型领导，若要落实到影响个体的工作投入，都必须先经由对其观念的改变。个体观念中最重要的类别之一莫过“认同”，即个体对自身与某种特征的关联的判定。在中国情境下的公共部门组织中，“集体”与“道德”有着悠久和深厚现实土壤。一方面，一直以来集体文化的传承使得集体观念在公共部门组织内部相当重要，党和政府也重视集体主义精神教育，要求广大干部树立集体意识，期待干部可以认同所在的组织；另一方面，中国自古以来高度重视个人道德修养。在公共部门中，“德才兼备，以德为先”也是干部选录的核心标准，提升广大干部的道德素质也是当前干部管理的要旨。研究发现，关于道德素质，相比直接问询和测量干部容易产生社会称许性的道德特征，意指个体对道德的认同和追求的道德认同被认为在研究中更为可靠且被发现具有更高解释力（郭晟豪、萧鸣政，2017）。同时，个体的道德认同相较道德特征更容易受到环境影响而发生改变，更加直接地影响到个体的实际行为（Wang et al.，2017），故更适宜作为影响工作投入的前置变量进行研究。因此，本部分重点关注组织认同和道德认同两类认同的作用。

一方面，对于组织中的个体而言，组织认同是重要的心理变量（Ashforth & Mael，1989）。当个体置身组织环境中，会将自身成败与组织成败紧密联系，认为自己与组织一荣俱荣、一损俱损（Mael & Ashforth，1992）。研究表明，组织认同是反映个体与组织间关系的关键心理状态，具有解释、预测各种场合的工作态度和行为的潜力的作用（Edwards，2005）。当公共部门中存在不良风气时，干部往往会产生一定的抵触心理，降低自己对这样存在不良风气的组织的认同程度，认为自身没有必要为了这样歪风邪气的组织过多投入，从而减少工作投入。因而组织认同是组织不良风气影响工作投入的重要桥梁。另一方面，道德认同是个体对组织的道德问题的追求和从属感，体现了个体对组织的道德的重视程度，也可以有效地反映一个人的道德素质（May et al.，2015）。道德与外部环境和个体行为都密不可分。当干部感知到诸如拉踩、小团伙等不符合道德伦理规范的组织不良氛围时，可能会认为反正组织风气已经如此，不如就此相安无事，不再追求高道德，降低自身的道德认同。当道德认同不足时，干部就不再追求高道德标准的爱岗敬业，工作投入也就随之降低。因此，在公共部门中道德认同也可能是组织不良风气影响工作投入的另一角度的桥梁。综上所述，组织不良风气可能通过影响干部的组织认同、道德认同影响其工作投入，由此本部分提出假设 H5 - 2 - 1。

H5 - 2 - 1：组织认同、道德认同在组织不良风气与干部的工作投入间起中介作用。

组织认同、道德认同同样可能在政治忠诚型领导对工作投入的影响中发挥作用。一方面，当组织领导者选择采取政治忠诚型领导方式时，领导者会表现出对上级政策的支持拥护和坚决执行。受到领导者带动，干部眼见领导对组织的忠诚，也会在执行组织决策的过程中会更加感到自身与组织的紧密关系，组织认同也由之产生。相应地，干部也会因此愿意更投入地完成好组织交办的各项任务，在工作方面投入更多时间、精力。另一方面，当组织中存在政治忠诚型领导，干部领导示范的道德感召，会更加重视道德，从而提升道德认同，进而加大符合道德标准的工作投入。也就是说，政治忠诚型领导可能通过影响干部的组织认同、道德认同进而影响其工作投入，由此本部分提出假设 H5 - 2 - 2。

H5 - 2 - 2：组织认同、道德认同在政治忠诚型领导与干部的工作投入间起中介作用。

3. 组织认同与道德认同的链式中介路径

正如上文所述，组织认同、道德认同都可被看作是组织不良风气和政治忠诚型领导与干部工作投入之间的中介变量。然而，两者对工作投入的具体作用机制并不完全相同。此外，对组织的态度可能影响道德态度，即可能因为组织认同而改变道德认同；对道德的态度也可能影响对组织的态度，即可能因为道德认同而改变组织认同。

对于组织不良风气，一方面，可能存在“组织认同→道德认同”的路径，组织不良风气的存在可能首先降低干部的组织认同，对于组织的失望也发展为对道德化组织的无感，干部会进一步降低道德判断标准，进而降低其工作投入。另一方面，也可能存在“道德认同→组织认同”的路径，组织不良风气的存在可能让干部对道德风气失望，降低干部对具有道德性的组织的追求和期待，进而对组织不抱希望，在心理上降低了组织认同，进而使干部不再愿意为组织进行投入工作。因此，组织认同、道德认同在组织不良风气与工作投入间的中介路径可能存在先后作用的二阶段链式中介结构。由此，本部分提出假设 H5－3－1。

H5－3－1：在组织不良风气与干部的工作投入间，组织认同和道德认同存在二阶段链式中介效应。

政治忠诚型领导方面，可能也存在类似上述的路径，形成“组织认同→道德认同”或“道德认同→组织认同”的二阶段链式中介路径。一种可能是，当领导者表现出对上级政策的贯彻，增加了干部的组织认同，进而增加了干部对组织伦理的认可，更加重视组织的道德因素，即道德认同，从而因为道德驱动个体进行更多的工作投入。另一种可能是，领导者对上级政策的拥护、执行首先增加了干部对组织的道德归属，这样的道德认可产生了组织荣誉感，从而在心理上更加认为自己是组织的一部分，因此也更愿意为组织加大在工作上的投入。由此，本部分提出假设 H5－3－2。

H5－3－2：在政治忠诚型领导与干部的工作投入间，组织认同和道德认同存在二阶段链式中介效应。

三　研究设计

1. 研究样本

为有效规避共同方法偏差，本部分采用了追踪调查的方式搜集数

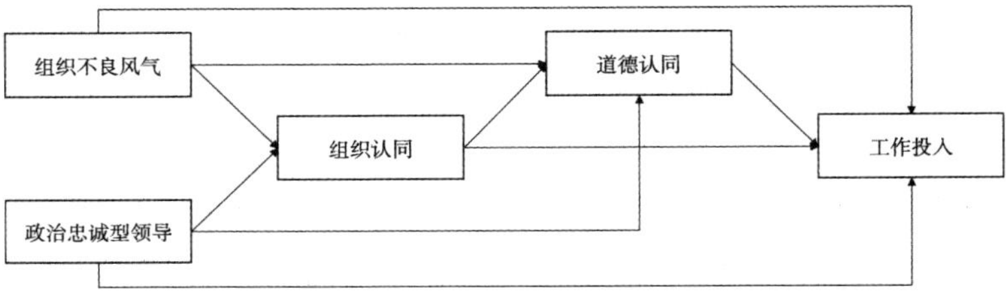

图 5.1　变量关系

据，分三批次发放问卷进行变量测量。本部分的调查样本来自甘肃省某市的政府职能单位与派出机构，调查前均取得各相关部门负责人许可，邀请部门内的干部参与问卷填答。首先，在时点 T1 进行对组织不良风气与政治忠诚型领导的测量，共计 511 名被试者参与问卷调查，收到有效样本 438 份。半个月后，在时点 T2 对 438 名做出有效回答的被试者进行追踪调查，测量其组织认同与道德认同，共有 433 名被试者回应。再半个月后，在时点 T3 对 433 名被试者做出第二次追踪调查，测量其工作投入，最终获得 301 份完整参与三批次调查的有效样本。样本的描述性统计结果如下：女性占比为 53.8%；平均年龄为 42.12 岁，标准差为 9.071；在受教育程度方面，大专以下占比 6.3%，大专占比 25.6%，本科占比 66.4%；在组织工作的平均时间为 14.19 年，标准差为 11.492；非领导职务占比 87.7%，无行政级别者占比 76.1%，乡科级副职者占比 12.3%，乡科级正职者占比 10.6%。

2. 测量工具

本部分的研究变量组织不良风气、政治忠诚型领导、组织认同、道德认同、工作投入均采用信效度已经得到验证的 Likert 7 级成熟量表测量，其中 1 表示“非常不同意”，7 表示“非常同意”。由于原始量表为英文，本部分通过使用翻译—回译技术获得了中文问卷，以此保证问卷表述可准确表达原问卷含义。

（1）组织不良风气的测量。本部分采用 Kacmar 和 Carlson 的组织“政治”化行为（General Political Behavior）量表（Kacmar & Carlson，1997），该量表包含 2 个题项，如“单位里的人想的是通过拖别人的后腿来抬高自己”“单位里一直有台面下的小团体，并且影响力巨大”，均体现了本部分所关注的组织内拉踩、搞小团伙的组织不良风气。由干部在时点 T1 自我评价，该量表在本部分中 Cronbach’s Alpha 为 0. 800。

（2）政治忠诚型领导的测量。本部分采用 Tummer 和 Knies 的公共领导量表（Tummers & Knies，2016），选择了政治忠诚型领导的部分，其内容反映的本部分所关注的政治忠诚，具体包含 5 个题项，如“他/她鼓励我和我的同事执行政治决定，即便这意味着会产生额外的责任”。由干部在时点 T1 自我评价，Cronbach’s Alpha 为 0. 864。

（3）组织认同的测量。本部分采用 Mael 和 Tetrick 的量表（Mael & Tetrick，1992），包含 6 个题项，如“如果有人指责我所在的单位，我就感觉像是在侮辱我自己”。由干部在时点 T2 自我评价。该量表在本部分中 Cronbach’s Alpha 为 0. 897。

（4）道德认同的测量。本部分采用 May 等的量表（May，2015），先给予被试者“善解人意、富有同情心、公正、友好、慷慨、乐于助人、刻苦勤奋、诚实、善良等”关于道德特征的描述，再让被试者评价“如果某单位的人都有上述特点，我特别希望能成为其中一员”“当想到具有上述特点的人所在的单位，我会以自己成为其中一员感到骄傲”等 4 个题项。由干部在时点 T2 自我评价，Cronbach’s Alpha 为 0. 938。

（5）工作投入的测量。本部分采用 Schaufeli 等的量表（Schaufeli et al.，2002），该量表包含 9 个题项，如“早上一起床，我想去工作”。由干部在时点 T3 自我评价 Cronbach’s Alpha 为 0. 934。

（6）控制变量的测量。已有研究发现，公共服务动机是干部行为的重要前因变量（刘帮成，2019），因此，在本部分中，为了更好体现研究变量的作用，本部分将公共服务动机作为控制变量。公共服务动机采用 Kim 等的量表（Kim et al.，2013），该量表包含 16 个题项，如“我欣赏那些组织或参加各种活动来为社会做贡献的人们”。该量表在本部分中 Cronbach’s Alpha 为 0. 948。此外，参照以往相关研究的做法，本部分还设置了性别、年龄、受教育程度、在组织的工作时间等其他控制变量。

四　多重与链式中介效应检验

1. 描述性统计

表 5.1 汇报了主要变量的平均值、标准差和变量间的相关系数。可以发现组织不良风气与组织认同（$r = -0.224$，$p < 0.01$）、道德认同（$r = -0.210$，$p < 0.01$）、工作投入（$r = -0.128$，$p < 0.05$）均呈现显著负相关，而政治忠诚型领导与组织认同（$r = 0.225$，$p < 0.01$）、道德认同（$r = 0.113$，$p < 0.05$）、工作投入（$r = 0.202$，$p < 0.01$）则均呈现显著正相关，组织认同与道德认同（$r = 0.697$，$p < 0.01$）、工作投入（$r = 0.244$，$p < 0.01$）均呈现显著正相关，道德认同与工作投入也呈现显著正相关（$r = 0.301$，$p < 0.01$）。相关分析的结果为下一步的假设论证提供了初步的方向和依据。值得说明的是，组织不良风气与政治忠诚型领导的相关系数较低且并不显著（$p > 0.05$），这也体现出这“一反一正”两项因素的确同时存在并相对独立地存在于公共部门之中。

表 5.1　**描述性统计与相关性分析**

	Mean	SD	1	2	3	4	5
1. 组织不良风气	3.201	1.722	(0.800)				
2. 政治忠诚型领导	5.537	1.186	0.110	(0.864)			
3. 组织认同	5.628	1.255	-0.224**	0.225**	(0.897)		
4. 道德认同	5.664	1.249	-0.210**	0.113*	0.697**	(0.938)	
5. 工作投入（WE）	5.076	1.186	-0.128*	0.202**	0.244**	0.301**	(0.934)

注：a. * 表示 $p < 0.05$，** 表示 $p < 0.01$；b. 括号内为变量 AVE 的平方根。

本部分验证了组织不良风气、政治忠诚型领导、组织认同、道德认同和工作投入之间的区分效度，分别构建了四因子、三因子、二因子和单因子模型与独立的五因子模型比较。如表 5.2 所示，结果发现，独立的五因子模型均显著地优于其他备选模型，因此，本部分的变量之间具有较高的区分效度。

此外，本部分采用了事前控制的手段，通过分三个批次追踪获取数据。为确保效果，检验显示加入共同方法偏差虚拟因子的模型（$\chi^2/df=2.776$，$CFI=0.881$，$TLI=0.865$，$RMSEA=0.077$）与未加入的模型（$\chi^2/df=2.763$，$CFI=0.881$，$TLI=0.866$，$RMSEA=0.077$）相比无显著改善，虚拟因子总变异贡献非常小（2.418%），远远低于 50%（Fornell & Larcker，1981），也就是说，通过追踪的方式搜集数据的事前控制的确有效（Carlson & Kacmar，2000）。

表 5.2　区分效度检验

	χ^2	df	$\Delta\chi^2$	χ^2/df	CFI	TLI	RMSEA
五因子 UO；PL；OI；MI；WE	798.484	289	—	2.763	0.881	0.866	0.077
四因子 UO + PL；OI；MI；WE	966.389	293	167.905***	3.298	0.843	0.826	0.087
四因子 UO；PL；OI + MI；WE	1071.446	293	272.962***	3.657	0.819	0.799	0.094
三因子 UO；PL；OI + MI + WE	2384.581	296	1586.097***	8.056	0.513	0.465	0.153
三因子 UO + OI + MI；PL；WE	1217.978	296	419.494***	4.115	0.785	0.764	0.102
三因子 PL + OI + MI；UO；WE	1615.509	296	817.025***	5.458	0.692	0.662	0.122
两因子 UO + PL；OI + MI + WE	2545.051	298	1746.567***	8.540	0.476	0.429	0.158

注：+表示合并为同一因子；*** 表示 $p<0.001$；本部分还检验了 UO + PL + OI + MI；WE 的二因子模型和 UO + PL + OI + MI + WE 的单因子模型，但均未拟合，显然相比五因子模型配适差。

2. 总效应与中介效应

首先，检验组织不良风气和政治忠诚型领导对干部工作投入影响的总效应，如表 5.3 所示。一方面，组织不良风气对工作投入的系数为 -0.091，为负，且 $p<0.05$。因此，组织不良风气的确会降低干部的工作投入，假设 H5-1-1 得证。另一方面，政治忠诚型领导对工作投入的系数为 0.155（$p<0.05$），为正，也就是说政治忠诚型领导对干部的工作投入确有正向作用，假设 H5-1-2 得证。采用 Bootstrap 的结果（如表 5.4）中，总效应检验的情况与本处一致。综上，组织不良风气

对干部的工作投入为消极作用，政治忠诚型领导则为积极作用。此外，观察两者的系数，对于工作投入，政治忠诚型领导的系数是组织不良风气的近 2 倍，这说明，政治忠诚型领导的确可以在一定程度上“抵消”组织不良风气的负面性，这肯定了实践中对领导干部政治忠诚要求的正确性和及时性。

表 5.3　　　　**组织认同与道德认同的中介作用**

因变量：工作投入	B	SE	t	p	LLCI	ULCI	
（常量）	2.639***	0.807	3.272	0.001	1.051	4.226	$R^2=0.124$
组织不良风气	−0.091*	0.040	−2.270	0.024	−0.169	−0.012	F = 4.581***
政治忠诚型领导	0.155*	0.061	2.531	0.012	0.034	0.276	
因变量：组织认同	B	SE	t	p	LLCI	ULCI	
（常量）	4.244***	0.836	5.077	0.000	2.598	5.889	$R^2=0.161$
组织不良风气	−0.146***	0.041	−3.529	0.000	−0.227	−0.065	F = 6.186***
政治忠诚型领导	0.188**	0.063	2.965	0.003	0.063	0.313	
因变量：道德认同	B	SE	t	p	LLCI	ULCI	
（常量）	4.324***	0.858	5.041	0.000	2.636	6.012	$R^2=0.107$
组织不良风气	−0.141**	0.042	−3.325	0.001	−0.225	−0.058	F = 3.868***
政治忠诚型领导	0.058	0.065	0.896	0.371	−0.070	0.187	
因变量：工作投入	B	SE	t	p	LLCI	ULCI	
（常量）	1.693*	0.825	2.052	0.041	0.069	3.317	
组织认同	−0.028	0.075	−0.374	0.708	−0.175	0.119	$R^2=0.176$
道德认同	0.246**	0.073	3.374	0.001	0.103	0.390	F = 5.608***
组织不良风气	−0.060	0.040	−1.507	0.133	−0.138	0.018	
政治忠诚型领导	0.146**	0.061	2.402	0.017	0.026	0.265	

注：a. * 表示 $p<0.05$，** 表示 $p<0.01$，*** 表示 $p<0.001$；b. 控制变量。

3. 多重中介效应检验

接着对组织认同与道德认同的多重中介效应分别进行检验。如表5.4所示，对于组织不良风气而言，一方面，组织认同的中介效应置信区间包括0（LLCI = -0.016，ULCI = 0.037）并不显著，也就是说组织不良风气的中介假设H5-2-1的组织认同部分未得证。另一方面，道德认同的中介效应置信区间不包括0（LLCI = -0.073，ULCI = -0.011），显著，假设H5-2-1的道德认同部分得证。值得关注的是，模型中组织不良风气的直接效应并不显著（[LLCI = -0.138，ULCI = 0.018] 包含0），这说明道德认同发挥了重要的中介作用。此外，表5.3可以为假设H5-2-1组织认同部分未得证的原因提供思考，组织不良风气一如假设，确乎会降低组织认同（系数为 -0.146，$p < 0.01$），但是组织认同在与其他变量一同作用于工作投入时，作用并不显著（$p > 0.10$），而道德认同则作用显著（$p < 0.01$），这也提示可能的确存在二阶段的链式中介。

表5.4 **组织认同与道德认同的平行中介路径检验**

模型Ⅰ						
自变量：组织不良风气	B	SE	t	p	LLCI	ULCI
总效应	-0.091	0.040	-2.270	0.024	-0.169	-0.012
直接效应	-0.060	0.040	-1.507	0.133	-0.138	0.018
	B	Boot SE	Boot LLCI		Boot ULCI	
总中介效应	-0.031	0.014	-0.062		-0.007	
路径1：组织认同	0.004	0.013	-0.016		0.037	
路径2：道德认同	-0.035	0.015	-0.073		-0.011	
路径1-路径2	0.039	0.024	0.003		0.102	
模型Ⅱ						
自变量：政治忠诚型领导	B	SE	t	p	LLCI	ULCI
总效应	0.155	0.061	2.531	0.012	0.034	0.276

续表

模型 II						
自变量：政治忠诚型领导	B	SE	t	p	LLCI	ULCI
直接效应	0.146	0.061	2.402	0.017	0.026	0.265
	B	Boot SE	Boot LLCI		Boot ULCI	
总中介效应	0.009	0.021	-0.030		0.053	
路径 1：组织认同	-0.005	0.015	-0.038		0.024	
路径 2：道德认同	0.014	0.018	-0.014		0.060	
路径 1 - 路径 2	-0.020	0.026	-0.093		0.018	

注：模型 I 控制了政治忠诚型领导、控制变量；模型 II 控制了组织不良风气、控制变量。

对于政治忠诚型领导而言，一方面，组织认同的中介效应置信区间包括 0（LLCI = -0.038，ULCI = 0.024）并不显著，也就是说政治忠诚型领导的中介假设 H5-2-2 的组织认同部分未得证。另一方面，道德认同的中介效应置信区间也包括 0（LLCI = -0.014，ULCI = 0.060），不显著，假设 H5-2-2 的道德认同部分也未得证。这与假设的预期似乎不符。不过，表 5.3 近端关系的系数可以提示背后的原因。对于组织认同而言，正如假设所述，政治忠诚型领导可以促进干部的组织认同（系数为 0.188，$p < 0.01$），但是因为组织认同在与其他变量一同作用于工作投入时并不显著，故而中介不显著。对于道德认同而言，虽然中介的后端道德认同对工作投入作用显著，但是，中介的前端政治忠诚型领导对道德认同作用不显著（$p > 0.10$），因此中介不显著。对于政治忠诚型领导而言，二阶段的链式中介的潜在可能性更为明显。

可以看出，总体上，组织不良风气和政治忠诚型领导对干部工作投入的作用如预期为一消极一积极，政治忠诚型领导作用更强。不过细节上，组织不良风气的危害更广，对于组织认同和道德认同均有负面作用；而政治忠诚型领导重在对组织认同的积极作用，对道德认同的影响则不显著。此外，道德认同与组织认同相比更能显著作用于工作投入。鉴于两中介变量效应的差异，本部分继续检验可能的二阶段链式中介路径。

4. 二阶段链式中介检验

如前文所述，组织认同、道德认同的中介机制并不相同，且道德认同与工作投入的近端关系更强健。因此，关于组织不良风气的作用机制，首先检验“组织不良风气→组织认同→道德认同→工作投入”的二阶段链式中介作用。如表 5. 5 所示，此时路径“组织不良风气→组织认同→道德认同→工作投入”的置信区间（LLCI = －0. 056，ULCI = －0. 008）不包含 0，显著，中介效应为 －0. 025，假设 H5 －3 －1 中先组织认同、后道德认同的二阶段链式中介得到验证。为稳健起见，研究同样检验了“组织不良风气→道德认同→组织认同→工作投入”的二阶段中介，该路径（LLCI = －0. 011，ULCI =0. 022）并不显著，唯一显著的是“组织不良风气→道德认同→工作投入”路径，这与之前的结论是一致的。而如表 5. 5，当路径“组织不良风气→组织认同→道德认同→工作投入”存在时，“组织不良风气→道德认同→工作投入”（LLCI = －0. 032，ULCI =0. 006）的置信区间均包含 0，不再显著，毋宁路径“组织不良风气→组织认同→工作投入”（［LLCI = －0. 015，ULCI = 0. 037］包含 0，不显著）。也就是说，只有“组织不良风气→组织认同→道德认同→工作投入的路径”是由组织不良风气影响干部工作投入的显著路径。组织不良风气首先影响了干部组织认同，继而干扰了道德认同，最终导致干部工作投入的降低。

表 5. 5　**“组织不良风气→组织认同→道德认同→工作投入”二阶段链式中介路径检验**

	B	SE	t	p	LLCI	ULCI
总效应	－0. 091	0. 040	－2. 270	0. 024	－0. 169	－0. 012
直接效应	－0. 060	0. 040	－1. 507	0. 133	－0. 138	0. 018
	B	Boot SE	BootLLCI		BootULCI	
中介总效应	－0. 031	0. 014	－0. 063		－0. 008	
路径 1：UO→OI→WE	0. 004	0. 013	－0. 015		0. 037	

续表

	B	SE	t	p	LLCI	ULCI
路径2：UO→OI→MI→WE	-0.025	0.011	-0.056		-0.008	
路径3：UO→MI→WE	-0.010	0.009	-0.032		0.006	
路径1-路径2	0.029	0.022	0.000		0.091	
路径1-路径3	0.014	0.017	-0.014		0.053	
路径2-路径3	-0.015	0.014	-0.052		0.006	

注：控制了政治忠诚型领导、控制变量。

关于政治忠诚型领导的作用机制，同样首先对“政治忠诚型领导→组织认同→道德认同→工作投入”的二阶段中介作用进行检验。如表5.6所示，此时路径“政治忠诚型领导→组织认同→道德认同→工作投入”的置信区间（LLCI = 0.011，ULCI = 0.066）不包含0，显著，中介效应为0.032，假设H5-3-2中先组织认同、后道德认同的二阶段中介得到验证。为稳健起见，研究同样检验了“政治忠诚型领导→道德认同→组织认同→工作投入”的二阶段中介，该路径（LLCI = -0.019，ULCI = 0.004）并不显著，其他路径也不显著。此外，如表5.6，当路径“政治忠诚型领导→组织认同→道德认同→工作投入”存在时，路径“政治忠诚型领导→组织认同→工作投入”（LLCI = -0.038，ULCI = 0.025）和“政治忠诚型领导→道德认同→工作投入”（LLCI = -0.048，ULCI = 0.004）的置信区间均包含0，不再显著。也就是说，“政治忠诚型领导→组织认同→道德认同→工作投入”的路径是由政治忠诚型领导影响干部工作投入的主要显著路径。政治忠诚型领导首先促进了干部组织认同，继而提升了道德认同，最终带来干部工作投入的改进。

表5.6 政治忠诚型领导—组织认同—道德认同—工作投入二阶段中介路径检验

	B	SE	t	p	LLCI	ULCI
总效应	0.155	0.061	2.531	0.012	0.034	0.276

续表

	B	SE	t	p	LLCI	ULCI
直接效应	0.146	0.061	2.402	0.017	0.026	0.265
	B	Boot SE	Boot LLCI		Boot ULCI	
中介总效应	0.009	0.020	-0.030		0.052	
路径 1 PL→OI→WE	-0.005	0.015	-0.038		0.025	
路径 2 PL→OI→MI→WE	0.032	0.014	0.011		0.066	
路径 3 PL→MI→WE	-0.018	0.013	-0.048		0.004	
路径 1 - 路径 2	-0.038	0.024	-0.100		0.000	
路径 1 - 路径 3	0.013	0.019	-0.030		0.047	
路径 2 - 路径 3	0.050	0.020	0.018		0.100	

注：控制了组织不良风气、控制变量。

综上可知，无论负面的组织不良风气还是正面的政治忠诚型领导都是首先影响了干部对组织本身的态度，改变了干部的组织认同，然后再进一步影响了干部对道德的追求，即道德认同；环境因素影响了组织路径，而组织路径则会引发道德路径。此外，值得关注的是，对于组织不良风气而言，其直接效应不显著（[LLCI = -0.138，ULCI = 0.018] 包含 0）；对于政治忠诚型领导而言，其直接效应显著（[LLCI = 0.026，ULCI = 0.265] 不包含 0），这说明“组织不良风气/政治忠诚型领导→组织认同→道德认同→工作投入”的路径是本部分发现的组织不良风气的完全中介机制，而政治忠诚型领导与干部工作投入之间的关系为部分中介机制。

为了完整呈现本部分的主要变量关系，本部分进行了结构方程路径分析（Bootstrap = 5000），模型配适良好（$\chi^2/df = 2.331$，CFI = 0.980，TLI = 0.903，RMSEA = 0.067）。组织不良风气的“邪”和政治忠诚型领导的“正”首先影响了干部对于组织的认同，而随着组织认同的改变，干部的道德认知也会改变，发挥最终关键作用的正是因干部组织认同而变化的道德认同，道德认同将影响干部在工作中的投入。这一结论不仅发现了干部在组织环境中“白沙在涅”和“蓬生麻中”的现象，而且揭示了背后的秘密，不仅发现了组织认同的作用，更在中国文化情境下发现并确认了道德的关键力量，丰富了干部行为相关研究的前因。

五　研究结论

本部分立足中国情境研究组织内环境因素——组织不良风气和政治忠诚型领导对干部工作投入的作用以及具体路径。研究发现，“白沙在涅”“麻生蓬中”的现象均存在，即组织不良风气负向、政治忠诚型领导正向影响干部的工作投入，可喜的是政治忠诚型领导的积极作用更强，但可忧的是组织不良风气的消极作用更广。更进一步地，本部分确认了此机制中组织认同和道德认同的重要中介作用，并且为先组织再道德的二阶段链式中介作用。具体地，组织不良风气和政治忠诚型领导都是通过首先影响干部的组织认同，再通过组织认同进而影响了干部对组织道德水平的追求，即道德认同；接着，道德认同影响了干部的工作投入，即“组织不良风气/政治忠诚型领导→组织认同→道德认同→工作投入”，最终对于干部的工作投入发挥了重要作用。

第二节　抑制怠惰行为：工作与自我的因素

一　研究背景

干部的工作态度消极与怠惰问题一直饱受诟病。怠惰行为具有难以观察、无法通过监管与奖惩有效控制的特点，减少干部在工作中的怠惰，妥善完成政府各项工作对于有效提升政府效能至关重要（张书维等，2019；刘帮成，2020）。因此，政府部门管理者要求干部减少在工作中的怠惰行为。另一方面，干部对管理者同样有诉求。自主权是个体在工作中的基本需求（Ryan & Deci，2000），在公共部门中同样如此，干部也有着对工作自主权的需求（徐彬，2013；Tummers et al.，2016），这也是新时代党中央《关于进一步激励广大干部新时代新担当新作为的意见》要求关爱干部的重要内容。尽管公共部门的工作有着相对更多的既定内容和标准，但是在具体工作方法上有着一定的余地。比如政府管理者可以要求干部在特定时间点前将规定数量的纸质资料归档入电子系统中，但也可以准许干部采用自己偏好的具体方法完成。这即在硬性要求下满足了干部的自主性需求。但是，当前公共部门研究很少关注到赋予干部工作方法自主权的意义和具体的作用路径。那么，政府管理者赋予干部工作方法自主权是否可以减少干部的怠惰呢？

本部分关注公共部门中工作方法自主权与怠惰行为之间的关系，并致力于分析三点值得关注的问题。第一，研究者经常只关注个体接受管理行为与个体行为改变之间的直接关系。但是，被管理者行为产出前首先经历了内心状态的变化，关注中间变量有助于更好地理解干部对管理行为的内在判断结果以及内在判断结果产生行为的过程（郭晟豪，2021a）。本部分认为，职业承诺是工作方法自主权和怠惰行为之间的重要过程变量。工作方法上的自主性使得个体在工作中更能把控自己的办事方法和节奏，减少了工作的束缚感（Wang et al.，2019），这样的职业体验使个体会更满意、认可目前的干部职业，提升职业承诺，并对工作尽职、负责（Shim & Rohrbaugh，2011），减少怠惰。第二，本部分关注公共部门工作方法自主权如何可以如愿提升职业承诺。干部仅仅有自主性还不够，如果缺少工作资源的支持，自主性也将流于形式，职业体验甚至更差，并不会提升职业承诺。在干部的职业生活中，职位层级与水平相近的同事才是个体接触最密切的群体（Yoon & Lim，1999）。同事支持是工作的主要资源之一（卫武等，2019），本部分将其作为自主权与职业承诺关系的重要条件。第三，本部分关注干部的职业承诺如何可以顺利抑制工作中的怠惰。一个矛盾是，认可职业不等于满意当前的职责。当个体认为自身能力超出了工作职责要求，会产生资质过高感并导致效率低下（McGuinness，2006；黄泽群等，2019）。个体如果认为担此职责属于屈才，那么即便认可干部职业，但也很可能无心投入当前的工作，产生怠惰。尤其是对于工作相对循规蹈矩的公共部门，干部这种“大材小用”资质过高感可能非常突出。

综上，本部分关注通过赋予干部工作方法自主权减少其工作中怠惰的路径：以职业承诺作为工作方法自主权和怠惰行为中介变量；以同事支持作为工作方法自主权和职业承诺的调节变量；以资质过高感作为职业承诺和怠惰行为的调节变量（如图5.2所示）。本部分的贡献在于：以上述变量为操作变量，探究公共部门的管理实践在怎样的环境条件可以影响干部的职业体验，职业体验对怎样的个体可以影响干部的工作行为，最终为有效控制干部的工作怠惰提供参考。

二 研究假设

1. 工作方法自主权与怠惰行为

工作自主权是激励工作的重要因素，能够反映实际工作中，个人在安排工作和决定执行工作的程序方面拥有的实质自由、独立和裁量权的程度（Hackman & Oldham，1975），即员工对所从事工作如何计划、开展、实施等环节的自主掌控与话语权。工作的自主是个体在工作中的基本需求之一，但是相比于私人部门，公共部门受制于内部的官僚科层制与其依附的固有社会服务体系（Wang，2011），加之繁复的办事程序与规章制度，身在其中的干部很难按照自己的主观意愿工作，因此对工作自主权的需求也最为突出。从研究分类来看，工作自主权的内容略有不同，如认为包含工作方法自主权、工作计划自主权与工作标准自主权的三分法（Breaugh，1985；刘德鹏等，2011）；抑或是随着时代的发展与工作环境的变化，形成工作方法、工作计划、工作时间与工作地点自主权的四分法（De Spiegelaere et al.，2016）。不过对于干部而言，在完成政府部门的工作任务时，相较于其他类型，具有实践可操作性的是工作方法自主权，即提出任务要求、标准和时限，但允许干部采用自己偏好的具体方法。此外，研究表明，在诸多的自主权类型中，工作方法自主权最为有效（De Spiegelaere et al.，2016）。因此，关心干部、满足干部的工作自主性，政府可以从赋予工作方法自主权开始。

工作要求—资源理论认为，工作中的资源包括物质、心理、社会关系等多个方面，能够服务于工作目标的达成，激发个体的成长、学习与发展，最终实现工作倦怠的减少（Bakker，2015）。工作方法自主权作为个体能在多大程度上独立自主选择工作方式与流程的反映即是工作中的一项重要资源，研究发现工作方法自主权能够提升个体的创新工作行为，带来正向的工作状态（De Spiegelaere et al.，2015），甚至相对其他自主权更为有效提升员工的工作努力（De Spiegelaere et al.，2016）。也正因为工作方法自主权在公共部门的工作实践中较为有限，因此更是干部的一项重要工作资源，能够激发干部的良性工作状态，降低其怠惰行为。综上所述，本部分提出如下假设。

H5－4－1：赋予干部工作方法自主权可以降低其怠惰行为。

2. 职业承诺的中介作用

需要强调的是，工作方法自主权对于干部而言属于外部因素。外界赋予的工作资源需要内化至心理层面，形成心理上状态变化，个体才能真正感知，带来正向的工作表现（郭晟豪，2020）。因此，在工作方法自主权抑制干部怠惰行为的作用机制中，应当存在个体心理层面的因素在其中发挥中介作用。在与工作相关的诸多个体心理因素中，职业承诺表现的是个体对从事职业的态度（王颖、王笑宇，2016）。基于多项研究的总结发现，职业承诺是个体职业发展的重要变量，对个体的诸多工作表现存在影响关系（Lee et al.，2000）。另一方面，职业承诺的前因与个体所处的环境，尤其是工作因素大有关联（王霞霞、张进辅，2007）。已有研究发现，工作自主权与积极的工作态度正相关，可以带来更高的职业承诺（Littmanovadia，2013）。本部分认为，工作方法自主权在一定程度上允许干部独立选择工作方式与程序，提升了干部对职业的好感和认可，使其倾向于更积极而非消极地从事该职业。而积极的职业态度和对职业的认可使得个体在实际工作中不会消极怠工。因此，赋予工作方法自主权能够提升干部职业承诺，进而降低干部的怠惰行为，也即干部的职业承诺在工作方法自主权减少怠惰行为的作用机制中承担中介变量的角色。本部分提出以下假设。

H5－4－2：干部的职业承诺在工作方法自主权与怠惰行为间起中介作用。

3. 同事支持与资质过高感的调节作用

然而，在公共部门的现实情境中，干部工作方法自主权提升职业承诺的过程往往还需要配合同事的支持。工作方法自主权是组织或者上级领导对干部的授权，如果干部仅仅得到组织或上级的授权，但在实际工作开展中得不到来自同事的帮助与支持，那么组织赋予工作方法自主权将容易成为一纸空文，很难真正落实为良好的职业体验，带来职业承诺和降低怠惰。这是因为，一方面在现实的工作环境中，个体交往时间最长且频率最高的工作主体往往并非上级领导，而是更广泛的周围同事（Yoon & Lim，1999）。干部执行工作任务通常需要同事协同（赖先进，2019），同事之间的合作和互助在所难免。如果干部在具体工作方法上享有了组织赋予的自主权，却缺乏周围同事支持的氛围，这样的自主权在现实工作中仍然很难实施，甚至可能成为受排挤或被孤立的理由（刘海洋等，2016）。这样一来，工作方法自主权没有得到有效的落实，干部也就无法在心理上感知这一工作资源，干部与职业之间的心理维系不再能够增强，工作方法自主权提升职业承诺的作用相应地受到影响。本部分提出如下假设。

H5 -4 -3：同事支持能够调节干部工作方法自主权与职业承诺之间的关系。干部感知到的同事支持水平越高，其工作方法自主权与职业承诺的正向关系就越强，反之越弱。

另一个需要关注的问题是：对职业的认可也不一定意味着不会消极对待工作。在中国，基层干部每天都会面对重复、机械与缺少新意的工作（吕维霞等，2018），对个人能力的要求并不高，与之形成鲜明对比的是干部招录中逐年走高的能力和教育水平标准。如此一来，干部会更加容易地感知到资质过高感，即感知到个人能力、工作经验等个人资质超过了日常工作的要求（Erdogan et al.，2011），并引起工作态度变差、积极性不高等消极影响（Garciamainar & Montuengagomez，2020）。尽管干部认可其职业，内心体验了积极的职业承诺，但是如果干部认为自己“大材小用”，就不会有对职业的敬畏心，进而会减少工作努力的程度，进而削弱职业承诺与怠惰行为之间的负向关系。也就是说，资质过高感将影响职业承诺抑制怠惰行为的作用机制。综上所述，本部分提出以下假设。

H5－4－4：干部的资质过高感会调节其职业承诺与怠惰行为间的关系。资质过高感水平越高，干部职业承诺与怠惰行为的负向关系越弱，反之越强。

4. 被调节的中介作用

以上的讨论构建出了一个两阶段被调节的中介模型：干部的职业承诺中介了工作方法自主权与怠惰行为之间的关系。在第一阶段，同事支持调节了工作方法自主权与职业承诺的正相关；在第二阶段，资质过高感在职业承诺与怠惰行为之间发挥调节作用。具体地，从第一阶段看，干部感知的同事支持水平越高，工作方法自主权就越能带来其积极的职业承诺，更有可能通过这一中介的提升，抑制其工作中的怠惰行为；相反，较低的同事支持水平不利于工作方法自主权促进职业承诺，使干部减少工作中的正向表现，很难通过此路径降低怠惰行为。从第二阶段来看，尽管干部认可自己的工作，做出了职业承诺，可如果具有较高资质过高感，也很难激发职业承诺对怠惰行为的抑制。也就是说工作方法自主权即使提升干部的职业承诺，也难以进一步减少怠惰行为的发生。在较低的资质过高感水平下，上述中介路径才能够实现。因此，本部分提出以下假设。

H5－4－5：同事支持与资质过高感分别在第一阶段和第二阶段调节了干部职业承诺在其工作方法自主权与怠惰行为之间的中介作用。

综上，本部分的理论模型如图5.2所示，构建了一个关于干部工作方法自主权影响其怠惰行为的两阶段被调节的中介模型。

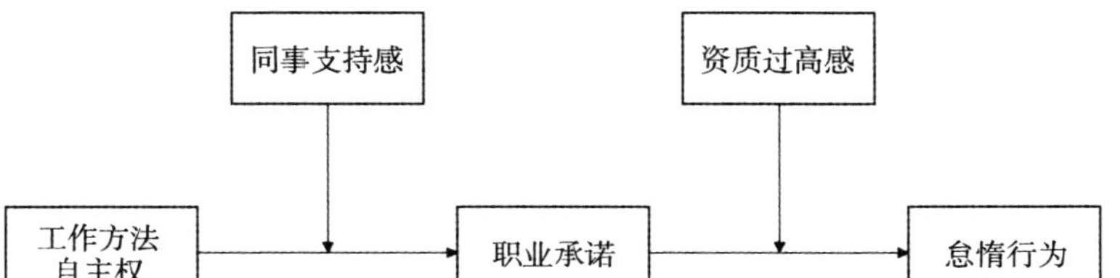

图5.2　变量关系

三 研究设计

1. 研究样本

本部分的研究数据来自对基层政府部门干部的问卷调查，样本所在政府层级以街乡为主，来自甘肃、内蒙古等地。被试者在自己的移动端获得一条私密的问卷链接，独自填答。为了事前控制共同方法偏差，被试者需要填答完一个变量的全部题项才可以在下一个页面回答另一个变量的题项。另外，研究变量虽为被试者自评，但是对象分别是外部环境（工作方法自主权与同事支持）、对外部的态度（职业承诺）、对自我的态度（资质过高感）和实际行为（怠惰行为），被试填答时需要转换相应的视角，这同样降低了共同方法偏差的可能。本部分共有536人参与问卷调查，收回438份，经过问卷回收与筛选，剔除了明显的无效填答，最终获得387份有效问卷。问卷数据的描述性结果表明，样本性别比例较为均衡，其中男性占比45.7%，女性为54.3%；样本平均年龄为37.173岁，标准差为8.028；样本中22.2%为大专毕业，62.5%为本科毕业；样本在组织中的平均工作时长为12.214年，标准差为8.739。

2. 测量工具

本部分的研究变量为工作方法自主权、同事支持、职业承诺、资质过高感与怠惰行为，均采用信效度已经得到验证的成熟量表测量。由于原始量表为英文，为保证问卷可以准确表达原问卷的含义，本部分采用翻译—回译技术获得中文问卷。为使被试者客观填答，本部分在问卷中强调保证其保密性与独立性。本部分测量问卷均采用Likert 7级量表，1表示“非常不同意”，7表示“非常同意”。

（1）工作方法自主权的测量。本部分采用Breaugh的工作方法自主权量表（Breaugh，1999），共3个题项，分别为“我可以决定采用何种方法完成我的工作”“我能够选择完成我的工作的步骤”“我可以选择开展我的工作的方法”。本部分中Cronbach's Alpha为0.860。

（2）同事支持感的测量。采用Hayton等的同事支持量表（Hayton

et al.，2012），共4项，如“我的同事们非常重视我的目标和价值观”“我的同事为我在工作中取得的成就感到自豪”等，Cronbach's Alpha为0.915。

（3）职业承诺的测量。采用Suddaby等的量表（Suddaby et al.，2009）并进行了对象的改编，共7个题项，包括“我的干部职业是我工作生活的重要组成部分”“我认为成为干部是我职业生涯中的一项重要成就”等。本部分中Cronbach's Alpha为0.935。

（4）资质过高感的测量。采用Maynard等量表（Maynard et al.，2006）的4个题项，如“我有超出我的工作所要求的工作技能”“我有很多超过我的工作所需要的能力”等。本部分中Cronbach's Alpha为0.824。

（5）怠惰行为的测量。采用Lehman与Simpson的量表（Lehman & Simpson，1992），共有12个题项，其中8项测量心理维度，如“我在工作中心不在焉”“我会因为一些不必要的原因离开工位”等；4项测量生理维度，包括“我会在没有获得许可的情况下早点下班”“我会花比规定的时间更久的时间来吃午饭、休息”等。Cronbach's Alpha为0.942。

按照先前研究的习惯，本部分使用了性别、年龄、教育程度和在组织工作时间作为控制变量。年龄、在组织工作时间以实际数据表示，教育程度以数字依序自低到高（初中及以下、高中、大专、本科、硕士研究生、博士研究生）代表。

四 两阶段有调节的中介效应检验

1. 描述性统计

（1）共同方法偏差

尽管进行了事前控制，本部分在事后通过构建一个虚拟因子的方法检验共同方法偏差的严重程度（Podsakoff，2003）。结果显示，事前的控制手段发挥了一定的作用，本部分的共同方法偏差并不严重。具体地，增加了虚拟因子的模型（χ^2/df = 2.115，CFI = 0.922，TLI =

0.914，RMSEA = 0.054，SRMR = 0.048）与仅包含工作方法自主权、同事支持、职业承诺、资质过高感和怠惰行为的模型（χ^2/df = 2.122，CFI = 0.921，TLI = 0.913，RMSEA = 0.054，SRMR = 0.048）相比，配适度几乎没有提升，且此时虚拟因子对总变异贡献为 4.17%，满足低于 50% 的标准，说明共同方法偏差在本部分的研究中并不严重。

2. 信度与效度分析

内部一致性：本部分的研究通过 Cronbach's Alpha 值、组成信度（CR）和平均变异萃取量（AVE）检验变量的内部一致性。由表 5.7 可知，所有变量的 Alpha 值均在 0.8 以上，甚至达到 0.9 以上；其次，所有变量的 CR 值均在 0.8 以上，同样地，部分变量超过 0.9；最后，所有变量的 AVE 均超过 0.5 的理想水平。综上，本部分所用变量的内部一致性较高。

聚合效度：本部分的研究以题项的因子载荷作为评价标准，由表 5.7 可知，所有变量的观察变量，即题项的因子载荷（标准化后）都达到了建议的 0.5 标准，绝大多数的载荷达到 0.6 以上，大部分载荷大于 0.7。因此本部分的研究所用变量的聚合效度也较高。

表 5.7 **测量的信效度分析**

	题项	非标准化因子载荷	标准化因子载荷	标准误	t 值	p 值	内部一致性
工作方法自主权	WMA1	1.000	0.731				Alpha = 0.860 CR = 0.866 AVE = 0.684
	WMA2	1.155	0.896	0.076	16.592	0.000	
	WMA3	1.029	0.845	0.079	14.869	0.000	
同事支持	CS1	1.000	0.883				Alpha = 0.915 CR = 0.915 AVE = 0.730
	CS2	1.037	0.920	0.047	22.050	0.000	
	CS3	0.942	0.850	0.048	19.734	0.000	
	CS4	0.780	0.756	0.061	12.804	0.000	

续表

	题项	非标准化因子载荷	标准化因子载荷	标准误	t 值	p 值	内部一致性
职业承诺	CC1	1.000	0.751				Alpha = 0.935 CR = 0.934 AVE = 0.676
	CC2	1.276	0.849	0.083	15.448	0.000	
	CC3	1.330	0.907	0.078	17.092	0.000	
	CC4	1.270	0.877	0.094	13.522	0.000	
	CC5	1.206	0.789	0.099	12.219	0.000	
	CC6	1.148	0.845	0.093	12.282	0.000	
	CC7	0.957	0.720	0.085	11.252	0.000	
资质过高感	OQ1	1.000	0.635				Alpha = 0.824 CR = 0.810 AVE = 0.521
	OQ2	0.980	0.595	0.113	8.694	0.000	
	OQ3	1.309	0.768	0.114	11.466	0.000	
	OQ4	1.318	0.859	0.107	12.354	0.000	
怠惰行为	WB1	1.000	0.710				Alpha = 0.942 CR = 0.944 AVE = 0.586
	WB2	0.803	0.511	0.083	9.664	0.000	
	WB3	1.164	0.786	0.081	14.415	0.000	
	WB4	1.170	0.784	0.079	14.729	0.000	
	WB5	1.258	0.832	0.086	14.668	0.000	
	WB6	1.150	0.810	0.060	19.219	0.000	
	WB7	1.074	0.653	0.086	12.433	0.000	
	WB8	1.178	0.814	0.075	15.761	0.000	
	WB9	1.246	0.807	0.075	16.555	0.000	
	WB10	1.281	0.846	0.081	15.810	0.000	
	WB11	1.062	0.762	0.071	14.910	0.000	
	WB12	1.266	0.809	0.082	15.395	0.000	

注：WMA 为工作方法自主权，CS 为同事支持，CC 为职业承诺，OQ 为资质过高感，WB 为怠惰行为。

区分效度：本部分的区分效度根据 Fornell 和 Lacker 提出的较为严

格的 Fornell-Larcker 准则进行判断，即所有变量的平均变异萃取量（AVE）应大于变量间任何相关系数的平方。为简明，本部分的研究在变量相关系数表（表 5.8）中汇报了 AVE 的平方根，如表 5.8 所示，变量的 AVE 平方根均大于与任何其他变量相关系数的绝对值，证明本部分具有较好的区分效度。

表 5.8 汇报了本部分的研究中主要变量的均值、标准差与相关系数。不难发现，工作方法自主权与职业承诺显著正相关（$r = 0.231$，$p < 0.01$），职业承诺与怠惰行为显著负相关（$r = -0.360$，$p < 0.01$），员工的同事支持与职业承诺显著正相关（$r = 0.375$，$p < 0.01$），资质过高感与怠惰行为显著正相关（$r = 0.102$，$p < 0.05$）。除此之外，工作方法自主权与怠惰行为呈现微弱的负相关，然而并不显著，这值得进一步探讨。以上的相关性分析为论证假设提供了初步的方向和依据。

2. 总效应与中介效应

本部分在分析前对研究变量均作了中心化处理。研究采用 PROCESS 对职业承诺在工作方法自主权与怠惰行为上的中介效应进行 Bootstrap（设为 5000）分析，置信区间为 95%，结果显示于表 5.9。如表 5.9 所示，总效应方面，工作方法自主权与怠惰行为存在微弱的负相关，然而并不显著（$B = -0.034$，$p > 0.10$），置信区间为［LLCI = -0.122，ULCI = 0.054］，包含 0，因此 H5-4-1 未得证。主要说明的是，总效应的不显著不意味着接下来中介效应分析不存在可行的前提。研究表明，以总效应作为中介效应判断的前提将会出现第二类错误；中介分析应该关注的是近端的效应；而总效应的不显著可能是因为竞争中介的存在，或者存在其他调节的复杂情况（Zhao et al.，2010）。本部分的研究在假设提出时则预想了中介第一和第二阶段都可能存在“变数”，关于调节的讨论详见后文的检验和讨论。

本处着重关注职业承诺的中介效应，系数为 -0.068，置信区间为［Boot LLCI = -0.113，Boot ULCI = -0.031］，0 不包含在内，达到显著水平，所以职业承诺起到了中介作用，H5-4-2 得证。为了说明职业承诺的中介效应的确存在，本部分采用 Sobel Test 对中介效应进行确

表 5.8　描述性统计与相关性分析

	Mean	SD	1	2	3	4	5	6	7	8	9
1. 性别	0.460	0.499									
2. 年龄	37.170	8.028	0.069								
3. 教育水平	4.530	0.950	0.072	-0.417**							
4. 在组织工作时间	12.214	8.739	0.113*	0.827**	-0.239**						
5. 工作方法自主权	4.809	1.433	-0.040	0.189**	-0.088	0.160**	(0.827)				
6. 同事支持	4.614	1.259	0.164**	0.197**	-0.050	0.139**	0.396**	(0.854)			
7. 职业承诺	5.310	1.178	0.078	0.094	0.061	0.107*	0.231**	0.375**	(0.822)		
8. 资质过高感	4.769	1.193	0.102*	-0.017	0.003	0.049	0.207**	0.172**	0.084	(0.722)	
9. 怠惰行为	2.884	1.250	-0.060	-0.120*	-0.086	-0.120*	-0.057	-0.208**	-0.360**	0.102*	(0.766)

注：a. * 表示 $p<0.05$，** 表示 $p<0.01$；b. 括号内为变量 AVE 的平方根。

认，Z 值为 -3.767，小于 -2.58，达到 99% 的显著水平，证明中介效应确实存在。除此之外，在控制职业承诺的中介效应后，工作方法自主权对怠惰行为的直接效应不再显著（置信区间为［LLCI = -0.051，ULCI = 0.119］，包含 0），说明职业承诺起到的中介效应尤为重要，工作方法自主权通过增强干部的职业承诺，可以减少怠惰行为。

表 5.9　**总效应与中介效应**

	B	SE	t	p	LLCI	ULCI
总效应	-0.034	0.045	-0.767	0.444	-0.122	0.054
直接效应	0.034	0.043	0.792	0.429	-0.051	0.119
	B	Boot SE	Boot LLCI		Boot ULCI	
间接效应	-0.068	0.021	-0.113		-0.031	
	B	SE	Z		p	
Sobel Test	-0.068	0.018	-3.767		0.000	

3. 同事支持的调节效应

如表 5.10 所示，工作方法自主权与同事支持的乘积项系数为 0.064（$p < 0.05$）。不仅如此，加入乘积项后，R^2 更改同样显著大于 0（F = 5.893，$p < 0.05$），说明同事支持的调节作用存在，具体调节效应图见下图 5.3。不难发现，干部的同事支持水平越高，工作方法自主权对职业承诺的正向作用也越强。具体地，当干部感知的同事支持为高水平（MEAN + SD）时，工作方法自主权与职业承诺的关系为显著正相关（$p < 0.01$），系数为 0.172；在干部感知的同事支持为低水平（MEAN - SD）时，工作方法自主权与职业承诺的关系不再显著（$p > 0.10$）。这一结论对应了本部分提出的判断，当同事支持水平较低时，工作方法自主权将不再能够提升干部的职业承诺。有力证明了 H5-4-3 的成立。

表 5.10　**同事支持对工作方法自主权与职业承诺间的调节效应**

职业承诺	B	SE	t	p	LLCI	ULCI
常数	-0.570	0.590	-0.966	0.335	-1.731	0.590
工作方法自主权	0.092	0.043	2.151	0.032	0.008	0.176
同事支持	0.301	0.049	6.108	0.000	0.204	0.397
工作方法自主权×同事支持	0.064	0.026	2.427	0.016	0.012	0.115
性别	0.032	0.114	0.285	0.776	-0.191	0.256
年龄	-0.004	0.013	-0.263	0.793	-0.030	0.023
教育水平	0.114	0.066	1.740	0.083	-0.015	0.243
在组织工作时间	0.010	0.012	0.893	0.372	-0.012	0.033

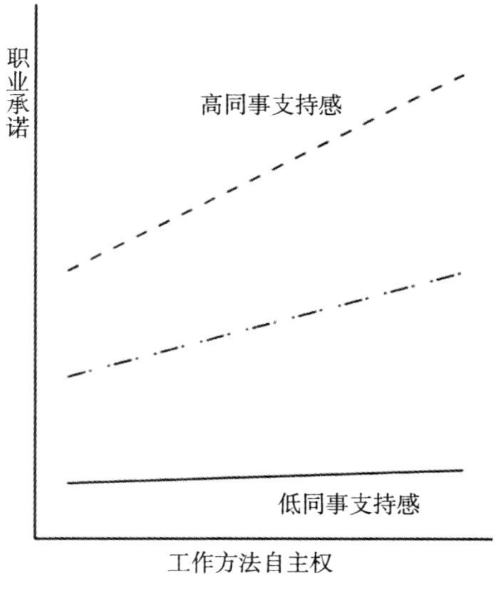

图 5.3　调节效应：同事支持

4. 资质过高感的调节效应

表 5.11 同样表明，职业承诺与资质过高感的乘积项系数为 0.092，$p < 0.05$，达到显著水平。加入乘积项后，R^2 更改同样显著大于 0

($F = 13.277$，$p < 0.001$)，说明干部资质过高感的调节作用存在，具体调节效应图见下图5.4。干部的资质过高感水平越高，职业承诺对怠惰行为的负向作用会有所减弱：在干部的资质过高感为低水平（MEAN - SD）时，职业承诺与怠惰行为的关系仍为显著负相关（$p < 0.01$），此时作用较强，系数达到 -0.475。当干部的资质过高感为高水平（MEAN + SD）时，职业承诺与怠惰行为的负向关系系数将为 -0.256（$p < 0.01$）。这一结论对应了本部分提出的判断，随着资质过高感水平不断提升，职业承诺对怠惰行为的抑制作用也随之降低，H5-4-4 成立。

表5.11　　同事支持对工作方法自主权与职业承诺间的调节效应

	B	SE	t	p	LLCI	ULCI
常数	4.275	0.625	6.841	0.000	3.047	5.504
职业承诺	-0.366	0.051	-7.111	0.000	-0.467	-0.265
工作方法自主权	0.005	0.044	0.104	0.917	-0.081	0.090
资质过高感	0.132	0.051	2.597	0.010	0.032	0.231
职业承诺×资质过高感	0.092	0.037	2.467	0.014	0.019	0.165
性别	-0.064	0.119	-0.536	0.593	-0.298	0.171
年龄	-0.020	0.014	-1.369	0.172	-0.048	0.009
教育水平	-0.138	0.070	-1.971	0.049	-0.275	0.000
在组织工作时间	-0.002	0.012	0.152	0.879	-0.026	0.022

5. 有调节的中介效应

上文分别从局部对职业承诺在工作方法自主权与怠惰行为间的中介效应，同事支持对工作方法自主权与职业承诺之间关系的调节效应，资质过高感对职业承诺与怠惰行为之间关系的调节效应进行了检验。接下来本部分对工作方法自主权到怠惰行为的完整路径进行检验，结果如表5.11所示。通过对不同水平下的同事支持与资质过高感进行组合，从而观察具体的被调节的中介效应情况。当干部的同事支持为高水平

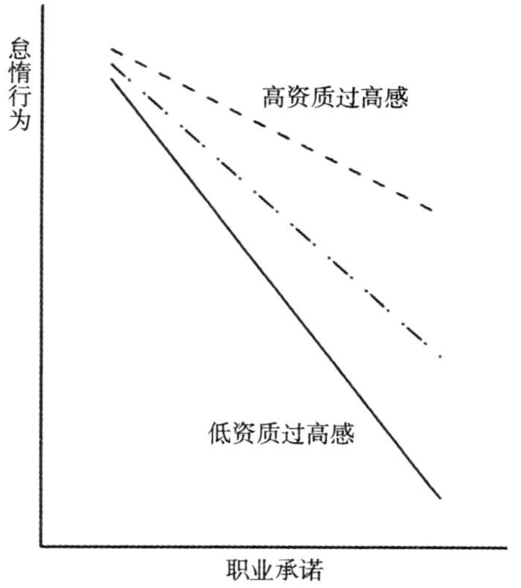

图 5.4　调节效应：资质过高感

（MEAN + SD），且资质过高感也为高水平（MEAN + SD）时，职业承诺的中介效应显著，95% 的置信区间为 [LLCI = -0.098，ULCI = -0.013]，不包含 0，系数为 -0.044；当干部感知的同事支持为高水平（MEAN + SD），而资质过高感为中水平（MEAN）时，职业承诺的中介效应同样显著，95% 的置信区间为 [LLCI = -0.116，ULCI = -0.021]，不包含 0，系数为 -0.063，相较于之前双高的情况，中介作用有所提升；当干部感知的同事支持为高水平（MEAN + SD），而资质过高感为低水平（MEAN - SD）时，职业承诺的中介效应显著（95% 的置信区间为 [LLCI = -0.151，ULCI = -0.021]，不包含 0），系数为 -0.082，达到最高。也就是说，在对于干部而言，赋予工作自主权的确需要高度的同事支持和自身较低的资质过高感。

当干部感知的同事支持为中水平（MEAN），而资质过高感为高水平（MEAN + SD）时，职业承诺的中介效应显著，95% 的置信区间为 [LLCI = -0.062，ULCI = -0.002]，不包含 0，系数为 -0.024；当干部的同事支持为中水平（MEAN），且资质过高感也为中水平（MEAN）

时，尽管职业承诺的中介效应达到 $p<0.1$ 的显著性水平（90%的置信区间［LLCI = -0.066，ULCI = -0.004］不包含 0），且系数较上一组有所提升，达到 -0.034；类似地，当干部感知的同事支持为中水平（MEAN），而资质过高感降至低水平（MEAN - SD）时，职业承诺的中介效应同样达到 $p<0.1$ 的显著性水平，90%的置信区间为［LLCI = -0.083，ULCI = -0.005］，系数则提升至同事支持在中水平时的最高，为 -0.044。与同事支持为中水平（MEAN + SD）时相对比，可以发现，干部的资质过高感依然越低越好，但是已经不如高同事支持时显著、稳健。

除此之外，当干部感知的同事支持为低水平（MEAN - SD），无论资质过高感为高水平（MEAN + SD）、中水平（MEAN）还是低水平（MEAN - SD），90%的置信区间均包含 0，职业承诺的中介效应不显著。也就是说，当同事支持水平低时，干部的资质过高感再低也"回天乏术"。不过相对地，当资质过高感水平处在中水平甚至高水平时，只要同事支持的水平不低，中介效应依然是显著的。也就是说，对于赋予干部工作方法自主权以抑制其怠惰行为的机制，干部的资质过高感越低越好，可以不做强求；但是同事支持的水平不可以低，是需要格外关注的底线。

表 5.12　**被调节的中介效应**

间接效应	同事支持	资质过高感	B	Boot SE	Boot 95% LLCI	Boot 95% ULCI	Boot 90% LLCI	Boot 90% ULCI
职业承诺 1 - 1	MEAN - SD	MEAN - SD	-0.006	0.034	-0.072	0.063	-0.060	0.050
职业承诺 1 - 2	MEAN - SD	MEAN	-0.004	0.026	-0.057	0.048	-0.048	0.037
职业承诺 1 - 3	MEAN - SD	MEAN + SD	-0.003	0.019	-0.046	0.032	-0.037	0.024
职业承诺 2 - 1	MEAN	MEAN - SD	-0.044	0.024	-0.093	0.002	-0.083	-0.005
职业承诺 2 - 2	MEAN	MEAN	-0.034	0.019	-0.073	0.001	-0.066	-0.004
职业承诺 2 - 3	MEAN	MEAN + SD	-0.024	0.015	-0.062	-0.002	-0.056	-0.004

续表

间接效应	同事支持	资质过高感	B	Boot SE	Boot 95% LLCI	Boot 95% ULCI	Boot 90% LLCI	Boot 90% ULCI
职业承诺 3 - 1	MEAN + SD	MEAN - SD	-0.082	0.032	-0.151	-0.025	-0.138	-0.034
职业承诺 3 - 2	MEAN + SD	MEAN	-0.063	0.024	-0.116	-0.021	-0.107	-0.027
职业承诺 3 - 3	MEAN + SD	MEAN + SD	-0.044	0.021	-0.098	-0.013	-0.088	-0.016

五　研究结论

本节对通过赋予干部工作方法自主权抑制其怠惰行为的作用机制进行了较为深入细致的探究。结果表明，赋予工作方法自主权可以通过干部职业承诺的中介作用对怠惰行为产生控制，不过这一中介作用在第一阶段和第二阶段分别受到了同事支持和资质过高感的调节。当同事支持处于较高水平，同时资质过高感水平较低时，工作方法自主权通过职业承诺降低怠惰行为的中介作用最强且显著；而当同事支持水平较低时，即使资质过高感同样处于低水平，这一中介作用也并不显著，说明相较于资质过高感，同事支持在此作用机制中更为重要。换言之，赋予工作方法上的自主权可以抑制怠惰行为，但前提要给予营造较高水平的同事支持环境，其次是防止干部产生较高的资质过高感。

第三节　本章小结

相较于本研究第三章、第四章对担当行为动机经过担当作为认同，最终激发担当作为行为的精细化作用机制的探究，本章则尝试选取“工作投入”“怠惰行为”两个在现实情境中表现尤为突出的变量，进一步深入挖掘基层干部担当作为可能潜在存在的“变数”，帮助基层干部以更饱满的担当作为应对基层治理实践中所可能遇到的重重挑战。先前本研究第二章节曾经提到，在通过质性研究解构基层干部担当作为的行为逻辑时，发现宏观、中观、微观三个不同层次的担当作为情境均会对基层干部的担当作为行为产生较大影响。本章则着重选取与基层干部直接密切相关的微观层次的情境，探讨基层干部所在单位组织中组织不良风气、政治忠诚型领导两种不同情境因素对基层干部担当作为的影响。本章发现组织不良风气和政治忠诚型领导存在着竞争关系，即政治忠诚型领导带来的正面效果可以减弱组织不良风气的负面效果。尽管本章的相关分析发现，两者在同一时点的关联并不显著，但是长远来看，正面的领导风格应该可以改善组织的风气环境。因此，未来的研究可以进一步尝试滞后设计，研究政治忠诚型领导是否可以降低下一个时点的组织不良风气，这或许可以为从根源上通过领导干部的管理风格解决组织内出现的不良风气提供思路。

与此同时，本章的组织不良风气主要指拉踩和小团体这类在当前实践中尤为突出的问题，但是不可否认的是，不良风气具有多种的表现形式，未来的研究可以研究组织不良风气的其他表现。类似地，本章的政治忠诚型领导主要指对政治决策的忠诚，而组织内的忠诚还具有诸多表现形式，如对团队的忠诚、对领导的忠诚等。这些不同类型的忠诚可能令干部在现实工作中面临更多的冲突与抉择，甚至触及是否应该忠诚的判断，未来可以基于现实的特点继续探索尝试。最后，本章所涉及的组织不良风气和政治忠诚型领导其变量特点应当属于群体层变量。事实上，组织不良风气为组织层变量、政治忠诚型领导为团队层变量，加之干部的个体层变量，实际跨越了三个层次。本章实际测量的是干部感知到的组织不良风气以及干部感知到的政治忠诚型领导。未来的研究在获得可靠数据来源的前提下，可以尝试进行跨层次研究，以检验本章结论的稳健性。

在对抑制怠惰行为的分析方面，尽管本章采取了事前控制的方法以降低共同方法偏差对本部分的影响，但未能做到多源数据同样是一大遗憾。尤其是怠惰行为具有一定的敏感性，尽管难以观察，自评是目前可能更贴切的方式，未来对于敏感性题项的测试可以采用列举实验等更严谨的设计，以避免被试者的社会赞许性。虽然本章采用了工作方法自主权的说法，但在测量时其实是感知到的工作方法自主权，未来的研究可以以部门或者主管领导为视角，进行跨层次的研究。类似地，同事支持也可以提升团队层次的团队支持氛围，更进一步地提升研究的实践贴切性。除此以外，有私营部门的研究肯定了资质过高感对组织整体而言的正向作用，因为资质过高感的员工可以带给集体更有价值的技术、思维等要素。本章的结论仅仅强调了资质过高感的消极作用，存在不够全面的问题，在之后的研究中，可以进一步探究资质过高感与组织层面的集体工作状态或工作产出的关系。

第六章　未来：新兴技术推动担当作为的巧思与迷思

在上一章，本研究基于实证研究结果讨论了担当作为于中国基层实践情境中的影响因素和边界，本章将在新兴技术如火如荼发展的如今探讨使用新兴技术助力担当作为的现实基础，并辩证性地看待未来新兴技术应用于基层干部担当作为评价与开发的优势以及可能引发的各类问题。

第一节　技术赋能：新兴技术的机遇

一　基层干部担当作为的评价与开发

1. 基层干部评价与开发的实践

新时代以来，习近平总书记多次在不同场合强调干部的“担当作为”。党的二十大报告同样再次强调“激励干部敢于担当、积极作为”。担当作为是我们党有效治国理政，团结带领广大人民实现“第二个百年”奋斗目标的重要遵循。尽管习近平总书记围绕中国共产党治国理政的各个领域、各个方面都进行了一系列重要论述，但在历次的论述中存在一条贯穿先后的“内核线索”，即“担当作为”。

为了促进基层干部担当作为，近年来我国不断探索适应国情需要的基层干部担当作为评价与开发路径，并已取得了一定经验。在担当作为评价方面，首要问题是通过选拔评价让具备担当作为潜质或是已经具备担当作为素质的干部至恰当的工作岗位。选拔评价正是作为干部入职、转任所必经的筛选过程。我国传统模式中，对基层干部选拔评价的具体方法主要依据《公务员公开遴选办法》，通常以笔试、面试等为主要形式的“考试”与以个别谈话、民主测评等为主要形式的“考察”两种方式开展。

在担当作为开发方面，目前所面临的问题是如何培养已经入职的基层干部使之能够发挥自己的担当作为潜质，让他们成为敢于负责、勇于担当、善于作为、实绩突出的基层干部。对于这一问题，我国实践中的因应之策是以评价促开发，借由对基层干部的精准化评价来找准基层干部的不足与培养方向，进而开发他们的担当作为素质。在这部分起到关键作用的培养评价则依照《公务员考核规定》的标准进行评价（中国政府网，2022）。这部分的评价结合具体工作绩效发掘基层干部能力、素质等主要方面的现状与不足，着重关注基层干部的政治素质与工作实绩（萧鸣政、陈新明，2019）。培养评价通常具有平时评价、年度评价、专项评价等多种方式，这些方式适用于不同评价情境，以实现对基层干部现实状况的精准把握。

可见在基层干部担当作为评价与开发的实践中，尽管我国在评价基层干部担当作为的范围和内容已经相对确定，对基层干部担当作为素质的评价与开发多以品德、能力和业绩为突出导向，聚焦德、能、勤、绩、廉五个主要维度。但在评价模式依旧难以脱离旧有评价模式的“藩篱”，正越来越难以适应现实需要。伴随时代发展对基层干部提出高标准的新要求，这些评价的具体内涵显然也需要不断更新深化，从而指导开发基层干部现实需要的担当作为素质。

2. 担当作为评价与开发的现实挑战

我国现行的基层干部担当作为评价与开发模式正愈发难以应对建成社会主义现代化强国的现实要求，致使难以实现对广大基层干部的精准化评价，更难在有效评价的基础上，针对性地开发基层干部担当作为所需要的能力素养。其原因主要源于新形势下诸多变化所提出的现实挑战。目前我国基层干部担当作为评价与开发的工作在准确性上越来越缺乏保障，紧迫性空前提高，工作量普遍加大，且越来越难以保证过程公平。要切实做到让基层干部敢于带头担当作为，在“平常时候看得出来、关键时刻站得出来、危难关头豁得出来”，就必须正确认识、妥善应对好担当作为评价与开发模式所面对的效度、速度、广度与可信度四方面现实挑战。

首先是效度对基层干部担当作为评价与开发模式所造成的挑战。任何评价都必须建立在真实可靠的信息基础上，以被评价者的真实表现为基础（萧鸣政，1995），而当前评价往往难以搜集到充足、可靠的评价信息，自然就难以判断基层干部是否具备担当作为的潜质，更不可能有效开发基层干部的担当作为素质。以公务员考试为例，传统公务员考试旨在全面测查干部的基本能力素质，但多采用带有一定规律的题项。伴随社会各界对公务员考试的深入了解，考生得以日益深入地掌握考试规律，从而依据考试规律进行应试准备。在如此评价方式下选拔的基层干部，大多熟练掌握考试技巧但并不一定具有基层干部岗位所迫切需要的能力（张国玉，2018），干部“高分低能”现象普遍存在（石婷婷，2018），更难以确定在真实情境中是否能“豁出来”担当作为。同样对在职干部开发其担当作为素质时又有赖于干部的培养评价，现行的基层干部培养评价又建立在公务员绩效评价体系的基础上，但是当前各级政府对公务员的绩效评价多缺少具体、规范、有效的标准，难以反映干部的真实绩效水平（李学明，2019），这也就难以结合基层干部的现实不足对其针对性地培养担当作为素质。而有助于解决以上问题的第三方政府评价机构在我国尚未得到长足发展，这使得保证基层干部担当作为评价与开发的效度在短期内十分困难。

其次是速度对基层干部担当作为评价与开发造成的挑战。当今世界面临百年未有之大变局，进入“变化”与“不确定性”逐渐成为主旋律的“乌卡时代”（Bennett & Lemoine，2014），我国基层干部担当作为评价与开发的紧迫程度陡然提高，如何在短时间内有效识别出能够应对具体情境，敢于负责、勇于担当、善于作为、实绩突出的基层干部成为不可回避的新挑战。人才评价兼具全时空性与有限性，对基层干部担当作为素质的评价应该贯穿其活动的全部时间和空间（萧鸣政，1995），而当前的基层干部担当作为评价与开发常受到无法与其充分接触的“有限性”制约。在评价基层干部的过程中，以往大多需要以相当一段时间的考察作为参考。但在不确定性空前增强的当下，这种考察时常更加紧迫，缺乏先前充足的考试、考察时间，而许多素质只有在长期的工作生活中才能被观察和衡量（萧鸣政，2021）。旧环境下对基层干部的定期评价以年度评价居多，“乌卡时代”下基层干部所须应对的事务越发繁复，季度评价、月度评价被更多地加入到对基层干部的评价中。评价次数的增加意味着需要在更短时间内、更频繁地对基层干部进行评价，这无疑变相“挤出”了用于开发基层干部担当作为能力的时间。尽管诸如《关于解决形式主义突出问题为基层减负的通知》等文件的引发已在着力解决这一问题，但当前尚未取得显著成效。

再次是广度对基层干部担当作为评价与开发造成的挑战。当前我国基层干部评价工作量空前加大，如何在海量的潜在人选中准确甄别出具备担当作为潜质的基层干部成为当下难题。一方面，被评价者的范围“太宽”，近年来我国“公务员热”持续高涨（胡涤非、邓世康，2021），国家公务员考试报名人数居高不下，“笔试＋面试”的传统干部评价模式往往会由于其评价标准的单一造成人才流失，已经难以适应现实状况；而评价者的视野常常又“太窄”，部分领导干部热衷于从“秘书”等小范围的特定群体中选择干部，局限的评才观同样不利于广度的实现。另一方面，在开发基层干部担当作为能力的过程中，由于我国党政体制内人员数连年增加，在如此大基数的干部或潜在党政人才中，难以有效开发如此多基层干部的担当作为素质。增多的考核量也对工作单位的日常运行造成沉重负担，使得考核多流于“走过场”的形式主义表现（何宪，2016），容易造成考核结果出现“材料化”而不可用的情形（邓伟，2021）。在如此现实环境下，通过传统方式已经越来越难以有效甄选和培养出能够担当民族复兴重任的高素质基层干部。

最后是可信度对基层干部担当作为评价与开发造成的挑战。当前我国基层担当作为干部评价与开发模式中的公平性常难以得到保障，一旦涉及评价者对被评价者的主观判断都存在缺乏公平性的隐患。一方面，诸如面试、考察等传统基层干部评价过程本身便具有主观性，存在“人情味”太重、问责泛化、滥用“一票否决”等诸多不公正现象（常妍、李一丹，2021），难以防止裙带关系的产生；另一方面，在开发过程中，由于担当作为素质往往涉及内隐素质难以直接测量，衡量培训对基层干部担当作为素质开发的价值十分困难，涉及开发工作的人员可能只是敷衍了事，为“裙带关系”提供了大量制度空隙。如要克服“裙带关系”在日常中留痕记录多需要消耗额外的资源与成本，“过度留痕”往往为相关党政机关带来沉重负担（半月谈，2021；刘帮成，2022）。这些都对保障评价与开发的公平性造成了相当程度的困难。基层干部评价的公平性倘若难以得到保障，势必也会造成难以准确选拔出真正能够担当民族复兴重任的高素质基层干部、造成难以结合基层干部的现实不足对其精确化开发的严重后果。

表 6.1 当前我国基层干部担当作为评价与开发的现实瓶颈

维度	挑战表现	担当作为评价	担当作为开发
效度	准确性难以保障	通过传统的考试形式评价基层干部往往导致“高分低能”，难以选拔出真正可用的人才	当前各级政府的绩效评价体系质量参差不齐，许多评价体系缺乏科学性，难以准确评价担当作为开发的效果
速度	紧迫程度陡然提高	对基层干部的评价较以往更加紧迫，不再拥有如之前般充足的考试、考察时间	评价次数增加意味着需要在更短时间内、更频繁地对基层干部进行短期开发和评价，“挤出”了真正用于开发培训的时间
广度	工作量空前增大	意愿进入党政体制的潜在基层干部数量空前增多，对海量潜在人选进行选拔十分困难	党政体制内部人才数连年增加，要全部进行培训开发工作量十分巨大，非传统方式可完成
可信度	公平性无法保证	面试、考察等环节均涉及评价者主观认识，存在较大的主观性，常难以保障公平性	担当作为包含内隐素质，难以被完整量化，为“裙带关系”留出制度空隙

对于基层干部担当作为评价与开发在全面建设社会主义现代化国家，以中国式现代化推动中华民族伟大复兴的征程中所面临的准确性难以保障、紧迫程度陡然提高、工作量空前增大、公平性无法保证等一系列现实困境，如不加以妥善应对，势必会导致基层干部担当作为能力严重受限，难以选拔、培养出能够担当作为的基层干部。然而，新兴技术的出现为重塑传统的干部担当作为评价与开发方式带来曙光（李元珍、吕德文，2022）。依靠新兴技术对传统干部管理方式进行赋能，正不断积蓄力量为传统管理方式带来一场根本性革命，且相关做法目前已越来越多地被应用于各国公共部门实践中。新兴技术运用到人才评价中的诸多理论、方法，均可期被应用到对我国基层干部管理方式的重塑中。

二　新兴技术重塑担当作为评价与开发的新路径

1.“数字”促担当的定义与原理

“数字”促担当指借由新兴技术，将其应用于改进传统基层干部评价模式的新做法，在这种模式下，依托技术赋能所带来的生产力优势，传统基层干部评价所关注的核心内容均可得到更为有效的评价，从而使基层干部选拔更加准确、培养更有方向（郭晟豪、萧鸣政，2023）。且在基层干部担当作为评价与开发中，传统评价方式在效度、速度、广度、可信度等方面的不足均可期得到弥补，而诸如“政治素质”等传统方式难以测评的内隐特质（萧鸣政、林禾、肖志康，2019），运用新兴技术也能作更准确的评价。新兴技术对基层干部担当作为评价与开发产生的影响不仅是传统意义上的促进，更是一场具有颠覆性质的革命（米加宁、章昌平、李大宇，2020）。这场革命并非对传统基层干部担当作为评价内容方向的扭转，而是对评价方式的整体重塑。“数字”促担当中传统基层干部评价的资料搜集、能力考察、人才鉴别等环节所采用的方式均可期通过技术手段重构。基层干部担当作为评价与开发的根本目的是选拔、培养在社会主义现代化强国建设中堪当民族复兴重任的高素质基层干部队伍，诸如大数据、区块链、云计算等诸多新兴技术的发展成熟均能为实现这一目的赋能（徐辉，2017；梁庆、韩立收、刘信言、郑儒传，2021）。综合来看，“数字”促担当的原理即充分发挥新兴技术所带来的生产力优势，从而改进传统基层干部评价方式中的诸方面不足，实现基层干部担当作为评价与开发的精确化与效能提升。

2. “数字”促担当的内容、特点与功效

“数字”促担当的主要内容与传统基层干部评价并无二致，但在形式上呈现出许多新特点，这些特点使“数字”促担当在服务基层干部担当作为评价与开发的精准化方面具有传统评价方式所无可比拟的优越性。第一，“数字”促担当在评价目的上具有清晰性。由于评价内容多有赖于算法界定，新兴技术赋能下的基层干部担当作为评价更加能保证评价内容符合评价目的，而免于受到评价者主观好恶的干扰；第二，“数字”促担当在评价方式上具有客观性，“数字”促担当中数据搜集、数据分析、决策形成等过程均在自动化程序下完成，在最大程度上避免了评价者主管好恶对被评价者得分、评级的干扰。在诸如品德等内隐特质的测量中应用量化方法也更有利于揭示其数量、质量上的内在特征，对基层干部形成更为具体、准确的评价；第三，“数字”促担当在评价结果上具有科学性。借助新兴技术所提供的远超一般人类的计算能力，“数字”促担当对基层干部的评价多经过精密分析与精准判断，更能够保证评价结果的科学化。

依托上述优势特点，“数字”促担当得以弥补传统评价模式中的诸多不足，并可期应用于基层干部担当作为评价与开发方面。首先，关于当前基层干部担当作为评价与开发工作量空前增大、紧迫程度陡然提高的问题，其矛盾核心主要在用于评价的人力有限。对基层干部的评价往往需要快速且全面地分析各种来源、类型的资料，并对资料的可靠性加以甄别，此时若仅依靠人力进行分析，则往往需要耗费大量的时间、精力。但此时若运用到新兴技术手段辅助以数据搜集、评价赋分等阶段，就能显著提高分析速度，当前基层干部担当作为评价与开发紧迫性空前增强的问题也有望得到解决。诸如大数据技术、人工智能技术等诸多新兴技术都有望成为解决这一难题的强力助推。

其次，对于当前基层干部担当作为评价与开发准确性难以保障的瓶颈，其难题主要包括两方面：一是基层干部内隐特质难以测量，而这类内隐特质又往往是决定基层干部能否担当作为的关键；二是对基层干部诸多方面素质、能力进行测评的成本难以控制。借助新兴技术的赋能同样有望突破这一瓶颈。例如，基层干部的品德测评一度也是基层干部评价中的棘手问题，但目前已经形成较为成熟的测评方式，即通过宗旨意识、政治思维、政治态度三方面进行评价（萧鸣政，2018）。借助大数据等新兴技术广泛搜集、分析相关数据，便有助力形成科学测量体系的可能；三是新兴技术的推广使用往往能大规模降低评价成本。以往对多方面能力、素质进行测量而导致测量成本难以控制的问题同样有望在新兴技术的帮助下加以解决。

最后，对于当前基层干部担当作为评价与开发公平性无法保证的情形，则主要缘于评价者、评价材料均不可避免地具有一定主观性。一方面，评价者与被评价者同属党政体制内部，容易形成利益交织的裙带关系，担当作为本身所包含的内隐特质为这些裙带关系留出了可供操作的制度空隙；另一方面，基层干部评价的诸多材料都经由自主申报—审核的方式提供，申报材料的真实可信程度常得不到足够客观的审核。而借助新兴技术则有望形成一条仅依靠“算法”进行评判，不掺杂个人主观判断或感情的客观路径，在相当程度上弥补传统评价方式客观性不足的缺点。综合上述分析，基层干部担当作为的新兴技术评价路径在理论上可行，亟待从现实层面出发探索实践道路。

3. “数字”促担当的实施基础与实践探索

（1）“数字”促担当的人员、技术和法律基础

在看到“数字”促担当助力基层干部担当作为评价效能提升光明前景的同时，也应认识到任何新事物的应用都必须借由一定的条件作为依托。在我国使用新兴技术，尤其需要人员、技术、法律三个层面的基础。首先是人员基础，应用新兴技术革新传统基层干部管理模式，离不开党政部门内人事领导干部的支持。在我国存在一部分秉持落后的“官本位”思想观念的领导干部，始终抱持着依赖个人直觉的决策方式，对新兴技术所能发挥的潜在重要作用未能给予充足的重视。而要将新兴技

术应用至基层干部担当作为评价与开发的过程，则必须得到坚实的人员支持，如何提高将新兴技术应用于党政部门的“可接受度”，是“数字”促担当建设所无法避开的一大难题。其次是技术基础，新兴技术的发展成熟以及在党政部门人事工作中的恰当应用是“数字”促担当得以成功实施的关键。这一方面要求中国真正具有能为改进传统基层干部担当作为评价与开发模式赋能助力的先进技术，另一方面也要求建立起能准确达到评价目的、易于操作的新兴技术平台。第四次工业革命浪潮是中国现阶段可以着重把握的契机。在“工业4.0”时期，中国在各方面技术均稳步跟进，甚至在许多领域达到了世界领先水平。在全面推进社会主义现代化建设的当下，充分应用新兴技术，搭建能够助力“数字”促担当的电子平台在中国未来可期。最后是法律基础，尽管“数字”促担当能有效提升对基层干部现状认识的精确性，然而同样不容忽视实施过程中所可能伴生的潜在风险。诸如用大数据、人工智能等技术搜集分析基层干部信息均可能造成数据安全方面的隐患，这些用于评价的数据应在何种情况下被使用，在多大范围内进行共享均应借由法律进行明确的规定保障。在“数字”促担当以较大规模推广实施前，基础性地筑牢法律层面对基层干部信息安全的坚实保障、做到有法可依同样十分关键。

（2）数字政府建设为“数字”促担当创造可能

当下我国正热切开展的数字政府建设正为“数字”促担当的实施推广创造了有利条件。数字政府建设应用大数据、人工智能等新兴技术对传统政府服务供给方式进行变革，令政府由传统工业化的“物理空间”形态转向大数据时代的“数字空间”形态（米加宁、章昌平、李大宇，2020），同样是在党政体制内部利用新兴技术对传统形态进行重塑的过程。数字政府建设过程中取得的诸般成果均可期作为重塑传统干部担当作为评价与开发方式的基础，为“数字”促担当的发展创造无限可能。具体地，数字政府建设为“数字”促担当所创造的有利基础主要包括以下方面。

第一，数字政府建设打破了政府将新兴技术应用于基层干部担当作为评价与开发的思想芥蒂。在数字政府建设以较大规模实施前，党政部门和各级干部普遍对新兴技术保持着审慎观望态度。而伴随数字政府建设在我国的普遍开展，上海、浙江、福建、广东等地的数字政府实践已明显体现出其对地方治理效能提升的显著促进作用。将新兴技术引入党政工作的做法越来越得到广泛接受，并早已写入政府建设方案和规划，形成了“数字氛围”。数字政府建设已经为“数字”促担当实施提供了观念上的先导，使政府得以抱有更加乐观、开放的态度来迎接用于基层干部担当作为评价与开发的新兴技术，具有“数字”促担当的主观动力。第二，数字政府建设已为“数字”促担当实施积累了相当的技术支持。诸多新兴技术目前已在我国政府部门中投入应用。例如，大数据技术的应用为从海量治理数据中提炼、甄别出有效决策信息开辟路径（吴善鹏、李萍、张志飞，2019）；而人工智能则深度嵌入到政府决策过程中，为决策的形成提供必要辅助（常保国、戚姝，2020）。在新兴技术的助力下，政府得以深入推进数字化转型，从而得以提升效率、改进内部流程、扩大公众参与以创造公共价值（王益民，2020）。许多技术上的设施支持已经建立，此外诸如国家“东数西算”工程的实施也旨在为技术欠发达地区提供算力上的支持，并可期在对传统基层干部担当作为评价与开发的改进中发挥更大作用。第三，数字政府建设已为数字立法探索了路径。伴随数字政府建设的深入推进，国家层面诸如《数据安全法》《网络安全法》《个人信息保护法》等数字相关法律相继出台，地方层面如福建的《福建省政务数据管理办法》、上海的《上海市公共数据和一网通办管理办法》也做出政府法规、办法的探索，“数字”促担当的法律基础已经初步有章可循。

4. “数字”促担当的实践探索

人才管理的核心是区分、识别人才（McDonnell et al.，2017；Gallardo-Gallardo et al.，2020），人才评价正是其中的关键。目前在实践领域，我国已有部分地方产生了使用新兴技术评价基层干部担当作为的试点。“数字”促担当借新兴技术的“赋能”弥补传统基层干部担当作为评价与开发体系方式的诸多不足，已有许多研究介绍了新兴技术被应用到基层干部担当作为评价与开发体系各个阶段的实践情况。具体而言，在基层干部担当作为评价与开发过程中的评价与开发体系建立、评价与开发体系形成、调适与采纳、评价与开发体系反馈与调整等阶段，各项新兴技术都能够得到应用（参见表6.2）。

表6.2　**担当作为评价与开发体系过程中的新兴技术应用**

<table>
<tr><th colspan="2">担当作为评价与开发</th><th>新兴技术应用</th></tr>
<tr><th>阶段</th><th>需求</th><th>应用中的隐忧</th></tr>
<tr><td>评价与开发体系建立</td><td>识别选择社会需要的基层干部或是开发基层干部社会需要的担当作为素质</td><td>准确性隐忧
信任支持隐忧</td></tr>
<tr><td>评价与开发体系形成与调适</td><td rowspan="2">快速建立评价、开发基层干部担当作为素质的体系，并在不同的方案之间合理选择</td><td rowspan="2">准确性隐忧
信任支持隐忧
异化隐忧</td></tr>
<tr><td>评价与开发体系采纳</td></tr>
<tr><td>评价与开发体系反馈与调整</td><td>准确评价不同基层干部担当作为评价与开发体系效果；判断未来是否需要进行调整</td><td>准确性隐忧</td></tr>
</table>

（1）评价与开发体系建立

在基层干部担当作为评价与开发体系建立的过程中，需要尽可能获取大量来自于不同来源、不同角度关于基层干部的数据，这样才能够尽可能有效地综合评价基层干部。大数据技术能够直接增加担当作为评价与开发所纳入的数据数量，在最大程度上保证评价信息的全面完整，突破传统基层干部担当作为评价与开发中信息不足的窘境。在大数据技术帮助下，评价部门能够扩大数据的数量、种类及获取速度，有效建立人才库并大大降低识别成本，从而弥补传统担当作为评价与开发过程中评价成本高、评价数据获取能力有限的不足。

人工智能技术则能够拓宽基层干部担当作为评价与开发体系的数据来源和角度，基于人工智能技术的智能机器人可以自动受理群众在线政务系统中的实时反馈、网上投诉、意见征询等，获取不同来源、不同角度的背景信息和公众态度（陈涛、冉龙亚、明承瀚，2018）。例如浙江省进行的“最多跑一次”改革，英国交通管理局、伦敦市交通管理局等政府部门使用人工智能在线客服搜集群众的反馈意见（宋彬彬，2018；Vogl，Seidelin & Ganesh et al.，2020）。这正是利用了智能机器人技术推进管理模式变革，降低了群众反馈意见的成本，让担当作为评价与开发能够纳入多角度的不同信息。这不但改善了政府与群众、社会组织等多元主体之间传统的互动关系，超越了传统治理方式的时滞性和资源限制，还帮助政府了解群众的多元需求，确认政府评价基层干部的标准能够与群众的偏好相一致，让更符合时代要求的基层干部有担当大任的机会。此外，政府还可以使用人工智能技术即时追踪当下出现的舆论趋势，例如通过文本挖掘（Text Mining）技术识别政府工作反馈信息，列出群众认为重要的基层干部素质，确认什么样的基层干部才能够满足群众的需求。

除了直接将新兴技术用于搜集数据，在国内也有一部分政府机关尝试借助新兴技术获得以往难以进行获得的内隐素质数据，他们通过将基层干部难以测量的内隐素质拆解到日常考核中进行量化，不留可能滋生“裙带关系”的制度空隙。例如，浙江温州的鹿城区率先发起干部管理数字化改革，将新兴技术运用至干部担当作为评价与开发的日常考核中（中华人民共和国财政部，2021）。鹿城区财政局构建了“数字化人员平时考核平台”，在平台中设置党建育德、综合效能、敬业克勤、科室实绩、守正清廉五大考核模块，结合民主测评，尝试实现部门内干部担当作为评价与开发的数字化。特别地，鹿城区财政局的考核平台能通过考核数据的日常积累、汇总、分析和筛选对被考核者进行“画像”，对被评价者工作能力中的“决断力”“人际交往能力”等指标，工作态度中的“敢于担当”“严谨细致”等指标得分进行可视化呈现，不仅能使政府部门在考虑人才的提拔任用时有依据可循，也有助于基层干部在日常工作中找准差距，进行针对性改进。

（2）评价与开发体系的形成、调适与采纳

在基层干部担当作为评价与开发体系的形成、调适与采纳过程中，大数据技术能够帮助获取多个不同来源的评价信息，而人工智能技术则能够进一步整合这些信息，基于算法辅助评价者不偏不倚地对基层干部进行评价，弥补传统评价结果可信度方面的不足，让各方都更容易接受评价结果。人工智能在人才管理中的应用被称为“基于算法的人力资源决策”（Algorithm-based HR Decision），首先生成可用的数字化数据，然后进行处理数字化数据软件算法的部署，进而实现人力资源管理相关决策的部分或全自动化（Meijerink et al.，2021）。第一，使用人工智能算法构建的系统，可以在很大程度上取代重复性较强的信息搜集工作，以更为快速的方式搜集信息，从而有效提高政府处理各类信息的反应速度，帮助政府形成评价，能够极大缓解传统人力资源管理评价中成本高昂的问题。与此同时，应用人工智能进行评价相较传统评价模式更能够显著提高评价的标准化程度，减少人为错误并大大降低评价与开发过程受到政治因素干扰的可能性（Dries，2013；Wiblen & Marler，2021）。第二，人工智能能够在输入大量相关数据后，在预先设定的规则下直接解决简单问题。即使算法判断该问题属于复杂问题，人工智能也能够提供来自于大量数据的结构化信息，辅助解决棘手问题。第三，人工智能能够使用社会仿真（Social Simulation）等方式预测不同评价与开发方案的成本、产出和效益。在传统分析模式下，分别分析各个主体的行为并加以聚合是无法完整预测效果的，但基于人工智能的社会仿真能够站在全局视角，模拟各个主体的交互作用并评估他们对整个系统的影响，因而能够更精准地判断评价效果。第四，人工智能技术能够通过构造电子系统呈现信息，增强信息的透明度。这不仅可以促进评价者之间的彼此交流，使方案更容易形成并得到采纳，还能够让其他利益相关者通过这一系统监督评价过程，让评价者更负责，从而提高评价的合法性。

区块链技术则能够在评价与开发体系的形成与采纳的过程中，一方面促进府际互动，让政府部门能够彼此直接沟通信息，实现流程的简化；另一方面，区块链技术本身的不可篡改性和信息流程的开放性也让各个部门能够彼此信任对方所提供的信息。即使所提供的信息有误，由于区块链中每一个数据在诞生时都有独特的时间戳，如果修改数据导致时间戳发生变化将会影响区块链内所有相关数据的时间，因而在区块链内改动数据将能够为追责提供重要依据。此外，越来越多的学者也开始探索将物联网（Strohmeier，2020）、云计算（Ziebell et al.，2019）等技术应用于改进传统评价的可能。诸多新兴技术均被证明可为改进传统基层干部管理模式赋能助力，为重塑传统的基层干部担当作为评价与开发提供新方法。

（3）评价与开发体系评价反馈与调整

在评价与开发体系反馈与调整方面，大数据技术改变了以往评价所涉及的数据广度，将所有涉及信息纳入决策；人工智能技术的运用则能够进一步利用这些事前事中事后过程中产生的信息，将评价与开发过程嵌入各个阶段持续评价，而不是仅仅只是进行事后评价（Höchtl，Parycek & Schöllhammer，2016）。在判断评价指标和评价结果是否需要调整的情况下，大数据和人工智能技术则能构建系统大规模搜集信息，分析大量数据，做出更为合理的判断。

亦有一部分实践尝试利用区块链储存信息无法被更改的优势，将区块链技术运用至干部职业生涯全周期管理，通过对干部职业历程的全过程记录来辅助干部得到持续性反馈。以浙江嘉兴市的尝试为例，嘉兴的“公务员职业生涯全周期管理‘一件事’”项目利用“嘉兴政务云”平台中五个数据加密上链共识节点，使管理服务平台部门间交换数据得以实现“实时上链”，将干部因职务变动等事件而需要多次填报的材料转变为“自动匹配填报”（中共嘉兴市委，2020）。这使得干部的诸多基础信息无须通过“个人填报+审核”的方式进行反复评价，而是永久、可追溯来源、公开透明地储存在区块链中。尽管目前这一尝试尚只用于储存干部的录用、调任、转任、职务职级变动等基础性信息，但伴随技术的成熟与政府接受度的提高，这一技术可期被应用到储存个人绩效、奖惩等更多可被应用于干部评价与开发指标的存储记录中。

当下各国政府普遍并未将“数字”促担当纳入到其政府人才评价的体系流程中，“数字”促担当在世界各国公共部门内仅进行了极为有限的尝试，虽然当前中国的“数字”促担当技术和环境尚远未及成熟，但目前已经进行的一系列尝试已经映射了“数字”促担当的曙光。相信在实践界与学界的不断探索下，“数字”促担当将逐渐向更加完善的形态演进。

第二节　顾此失彼？新兴技术的隐忧

值得警惕的是，当运用大数据、区块链、人工智能、云计算等新兴技术解决现实复杂的基层干部担当作为评价与开发问题时，由于新兴技术本身也具备复杂性，技术本身也可能会导致新的棘手问题。当新兴技术被应用于基层干部担当作为评价与开发时，诸多问题正在隐匿发生。中共中央办公厅、国务院办公厅印发的《关于加强科技伦理治理的意见》就深刻指明必须注意新兴技术的风险，反思科技应用过程中可能产生的问题。目前，使用新兴技术所产生的隐忧已然出现。首先，新兴技术本身的准确性往往可能存在问题，而作为评价与开发对象的基层干部也很难信任支持完全依托新兴技术制定的政策；其次，作为人才评价主体的各级干部在形成评价、执行评价时出于自身的能力有限和怠惰，很可能会盲目偏信各类新兴技术辅助的决策结果，陷入“人与自己的类本质异化”。因此，在应用新兴技术的热潮方兴之际，有必要审慎梳理，并对当前的应用实践进行反思，分析存在的隐忧及其原因。

一　准确性隐忧

“数字”促担当的前提是新兴技术应用的准确性，否则新兴技术的应用非但难以解决传统人才管理模式中的问题，反而还会导致新的风险。现在以人工智能为首的新兴技术并非人们期望中不会犯错的“完人”，反而也会出现违背常理的明显错误。在美国，人工智能甚至一度声称高度污染的空气可以安全呼吸（Rudin，2019）。因此，当新兴技术被用于基层干部担当作为评价与开发过程中，新兴技术的准确性令人怀疑。

第一，难以支撑应用新兴技术的配套算力。作为技术密集型和资本密集型产业，人工智能技术也需要大量前期投资。大数据、人工智能、区块链等技术的应用都需要投入大量人力物力完成配套基础设施建设，提供充足的算力基础设施。对于大数据技术和区块链技术而言，它们搜集各类人才评价的信息并加以储存往往需要大量的数据空间并时时加以维护。使用各类新兴技术辅助干部担当作为评价与开发不但需要提供资金购置硬件设施，提供算力，还需要长周期持续投入用以维护和改进，其成本十分高昂。人类棋手只需一餐便可以下完一盘棋，但人工智能 Alphago 却需要耗费价值 3000 美元的资源（Berto，Tagliabue & Rossi，2016）。为了在不同具体情况都可以实现人工智能的准确性，科学家和工程师必须针对具体应用场景投入大量精力实现算力的有效运用，实现充足算力并非易事。因此，在当前的实践中，准确性往往因为算力不足而无法保证。

第二，新兴技术中的算法存在偏见和漏洞。虽然人工智能、区块链等新兴技术本身是价值中立的，但是任何技术都不能决定自身的发展路径，也不能保证被理性使用，更不可能决定人们应用技术时追求的价值和目标。如果人工智能的算法设计者只关注了算法目标，本身存在偏见或是使用了包含偏见的训练数据，那么这会通过深度学习影响算法的输出结果，导致其结果也具备“偏见”，人工智能就会产出严重不准确的歧视性结果（赵晶旭、舒成利、王尧、高山行，2021）。例如美国部分警察部门由于系统性地少报或只记录非裔的犯罪，导致在深度学习中输入人工智能的历史数据是“脏数据”，运用这些训练数据的人工智能产生了种族歧视与偏见（Rudin，2019）。因此这样的结果甚至可能是“邪恶”的。同样，由于目前区块链技术也还处于发展初期，各类数据在录入、保留和退出环节都可能发生代码漏洞，进而导致信息失真和判断失误。而区块链技术的应用也可能让“虚拟权力”得以产生，如果整个区块链被占据 51% 的参与者操纵，那么少部分技术精英就可能在无须授权的情况下获得大部分公共事务的处理权，导致技术专权。

第三，新兴技术搜集的各类算料质量不佳。其一，使用大数据技术搜集到的算料并不全面。由于公众知识背景、使用习惯等差异，他们利用互联网的程度并不均等。部分群众不愿使用或无法使用互联网传达自己的意见，这些意见因为没能被互联网记录，故无法被人工智能纳入考量，他们的意见容易被忽略。已有研究发现，受教育程度和收入水平较低的群众较少应用互联网发表意见（邱泽奇、张樹沁、刘世定、许英康，2016）。这些应用上的差异也会导致在算料上忽视受教育水平较低和收入水平较低的群众意见。其二，大数据技术获得的算料数据可用性并不高。大数据固然可以做到“全”但这也意味着获取的数据价值密度很低，人工智能技术也毕竟是需要在程序后台预先设定的系统，与真人相比仍有着非常大的差距，人工智能技术难以在固定的算法外表现出额外的回应性。公众难以对人工智能客服说出自己的深层感受（Vogl, Seidelin & Ganesh et al.，2020）。此外，搜集数据的过程中往往存在“噪声”干扰判断。部分群众在社交媒体上发泄各种非理性的情绪或者传播部分人偏听偏信的谣言，这也会降低通过新兴技术手段获得的算料质量。而基于不佳的算料也实难得出准确的结论。

二　信任支持隐忧

新兴技术本身即处于社会舆论的风口浪尖，社会公众以及作为被评价者的基层干部面对陌生的新兴技术往往并不信任。特别是当被用于关乎公众利益的干部担当作为评价与开发问题时，各类新兴技术很难回应多元主体的不同诉求，也很难让利益相关者给予充足的信任和支持。

第一，大数据、人工智能等新兴技术本身令部分人群反感。因为大数据技术本身需要获取大量数据，人工智能的深度学习训练也需要得到大量数据作为训练的算料。各个新兴技术行业的领头企业正在通过各类条款，绞尽脑汁地搜集公众数据，如 2017 年美国消费者保护组织（Consumer Watchdog）发现亚马逊和谷歌的智能音箱大量监听公众信息（高奇琦等，2020）。随着隐私保护意识的增强，需要搜集各类数据的新兴技术也因此变得不受欢迎。此外，由于大数据、人工智能技术都需要大量前期成本构建算力基础设施，后期更需要持续投资不断改进，专利拥有者为保证能收回成本并盈利，新兴技术的工作原理通常不会公开，给人留下了公器私用的印象。公众自然会对如此“利己的”新兴技术天然产生抵触情绪，应用新兴技术所参与的基层干部担当作为评价与开发活动难以得到公众支持。

第二，各类新兴技术本身所具备的技术复杂性导致其难以被监督。大数据技术所搜集到的大量数据涉及了公众和被评价者的方方面面，搜集到的大量数据难以被人脑所理解和处理，因而难以被直接监督。而对于处理这些数据的人工智能技术，当存在成百上千个特征与预测结果相关时，即使各个主体具备监督能力，也由于不可能完全掌握系统中复杂的交互关系，难以真正监督整个系统的运作。对于新兴技术难以监督就导致了过程中的不透明和不可解释，相关主体自然难以相信利用新兴技术产生的结果。不仅如此，因为具体执行基层干部担当作为评价与开发的工作人员只知道人工智能的输出结果，没有能力解释算法，不知产生结果的具体过程，知其然不知其所以然，可解释性的缺失也让结果难以令人信服。

第三，新兴技术难以被问责。首先，大数据技术所能搜集到的全面数据可能只是针对部分群体的全面数据，如果新兴技术的应用者忽略了部分群体，这些群体的合理关切并未被纳入数据搜集范围，那么使用这些数据输出的结果便会忽略这部分群体的价值偏好，让输出结果不准确。即使想要纠偏，由于“黑箱”算法导致了透明性的缺失，能够直接参与数据搜集和人工智能数据输入过程的仅仅只是少数群体，大部分群体尤其是弱势群体并不知情，或即使知情也缺乏监督能力，这样的监督更不可能得到人工智能的回应。如面对上文美国警察部门使用人工智能系统造成的种族偏见，公众即使起诉，法院也因不知算法只能“疑罪从无”作出无罪判决。此时相关的决定又得到了新兴技术貌似价值中立的包装，这反而有可能将弱者的利益排除在外，导致筛选式的忽视和侵犯式的剥离（陈潭、廖令剑，2021）。如此难被问责的新兴技术，也很难获得信任和支持。

第四，新兴技术能否表达公共价值也值得商榷。在基层干部担当作为评价与开发的过程中价值冲突在所难免。新兴技术本身固然是价值中立的，但是新兴技术的使用者必须权衡其中冲突的显性价值与隐性价值，甚至需要权衡不同群体对相同价值的不同阐释（Young，Bullock & Lecy，2019）。新兴技术应用的善恶好坏是对社会价值体系的反映，如何在这些价值观之间取得平衡是一种政治行为，而不是纯粹的技术行为。否则评价和开发就无法顾及不同主体的价值诉求，只是政府的一厢情愿。新兴技术并不能够如技术决定论者而言，只要掌握了先进技术，不需要调整现有制度，就能够自然而然地获得优势（黄晓伟、张成岗，2017）。而是需要确立各方普遍认同的价值体系才能有效应用的。

三 异化隐忧

对于基层干部而言，他们在使用各类新兴技术的过程中容易盲信，陷入“人与自己的类本质异化”。干部丧失了人本应具备的能力追求和角色地位，成为潜在的隐患。

一方面，新兴技术的应用会导致基层干部的能力危机。大数据技术提高了搜集信息的效率，省却了基层干部亲力亲为查找调研的苦功，人工智能分析数据能够大大提高工作效率，区块链则让数据保存井然有序，基层干部习惯使用高效的新兴技术之后，往往会依赖新兴技术，产生“挤出效应”忽视进一步培养自我能力，弱化自身在使用各类新兴技术中的主体地位。应用新兴技术的本意是选拔高素质的基层干部，并用高效率的方法在工作中培养他们的能力素质。但是一旦依赖新兴技术，基层干部便会失去本应有的劳动热情和自我提升的动力（Cummings，2006）。尤其是对于经手简单事件的公共部门，基层干部的任务都完全可以交由各类新兴自动完成，因此他们的大部分时间都只是面对电脑屏幕，成为了向系统输入数据并按照输出结果执行的“屏幕官僚”（Lash，2007）。即便人依然在使用新兴技术，但是参与各类公共活动相关的能力已经被取代，基层干部自身主体地位弱化以及对能力的忽视显然违背了提振基层干部素质的本意。

另一方面，新兴技术的应用会进一步使基层干部遭遇主客体颠倒的角色危机，成为表面的使用者、实质的被控制者。在欧美国家已经出现了所谓的“自动偏好”（Automation Bias），欧美的公职人员对新兴技术输出的结果不假思索直接执行，即使算法预测的结果并不合理也依旧无条件遵从。由于社会对新兴技术的正面宣扬，我国的基层干部又普遍缺乏关于各类新兴技术的专业技术知识，因此容易对新兴技术充满敬畏。久而久之，便逐渐盲从，不再质疑新兴技术提供的信息可靠性，听凭自动产生的判断结果，失却了本应具备的担当作为意愿。如此，新兴技术事实上在控制并使用基层干部，新兴技术反客为主成为了“主角”，基层干部的角色地位直接受到取代，沦落为新兴技术的执行人。随着新兴技术的进一步发展，在可以预期的未来，基层干部的自由裁量权也会缩减，其角色地位因此越来越低（Caswell，Marston & Larsen，2010）。新兴技术带来的能力危机和角色危机进一步加深了基层干部的类本质异化进程，让基层干部有着丧失主体地位的风险。

第三节 防微虑远：应用新兴技术的行动方针

一 公共价值：以绩效领导避免绩效损失

在上一节中，本部分从新兴技术现有实践情况出发，反思了新兴技术应用于干部担当作为过程中的各类隐忧。各类隐忧固然切实存在，但新兴技术本身仍是一种工具，解决各类隐忧的根源在于更好地使用新兴技术；并为使用这一工具定下方向，使之得以更有效地改善政府绩效，实现公共价值，否则因为价值偏离而产生的绩效损失就会时有发生。如果只关注实现组织目标，个人的价值在无助于实现目标的情况下都会被抑制（Dahl & Lindblom，1976）。这自然更难同群众对话确认普遍的公共价值，在新兴技术应用的背景下更加剧了群众的信任支持隐忧和对干部的异化隐忧。正如本研究在第三章所言，绩效领导正能够为使用新兴技术回应公共价值导向下的干部担当作为提供理论指引，回归到价值的关注，从价值领导、愿景领导和效率领导三方面全面避免治理缺陷型绩效损失和价值偏离型绩效损失（包国宪、张弘，2021）。

具体而言，在绩效领导的理论模型中，价值领导要求首先干部从社会价值中筛选出几类基本公共价值并在具体情境中对其进行排序，决定干部担当作为的根本价值取向。以往个体被认为是受环境制约和能力有限的，为了力求控制外部因素，就需要日益复杂的组织形式，人在这样的组织中便不可避免地陷入了异化和解构（Tucker，1978）。干部在日复一日的工作中不可避免地沦为制度的附庸，变成为工作而工作的机械劳动，容易淡忘公共价值。如今面对各类新兴技术的科技浪潮，社会的进步固然需要各类新兴技术的广泛应用，但是用好新兴技术，让其能够切实提高生产力，越来越有赖于管理者的决断。价值领导在一定程度上也可以抑制新兴技术使用过程中“人与自己的类本质异化”，让干部可以回归到公共价值本身，判断方向是否同群众的需求“南辕北辙”，避免价值偏离的绩效损失。在进行公共价值筛选和排序后，愿景领导便是桥接价值和效率的桥梁，将所排序的公共价值进一步转化为具体的政府战略政策。愿景领导不同于以往为了实现效率而去进行决策的领导模式，而是先将公共价值中所体现的群众需求反映在干部评价和管理的过程中，再进行具体的担当作为评价与开发。倘若将所有的注意力都集中于为评价而评价、为开发而开发，就意味着会忽略目的本身（罗伯特·B. 登哈特，2011），导致基层干部的担当作为与群众的需求偏离。最后是统筹分析具体担当作为的评价和开发内容，追求投入产出比的效率领导，防止政策因过度追求公共价值变成“纸上谈兵”，防止半途而废的绩效损失。此外，正如公共管理研究中价值同效率难以取舍，在绩效领导实行过程中，也需要结合具体情境权衡利弊。绩效领导模型中的协同领导便是通过制度设计调和这一潜在摩擦的“润滑剂”，让公共价值能够贯彻于担当作为评价与开发的过程之中。综上所述，绩效领导能够面对公共价值，让“数字促担当”在实行过程中既能兼顾效率；又能够坚定信念，避免绩效损失，反映并实现公共价值。

二　戒绝盲从：面对技术革命的因应之策

各类新兴技术的应用浪潮已成为政府治理发展的未来趋势，是政府治理的未来，面对新兴技术自不可因噎废食。但为了用好新兴技术，不能将其视为一种抽象的技术成果，而是需要剖析新兴技术应用背后的科技伦理和公共行政科学。当前由于新兴技术本身复杂性所导致的隐忧和问题涉及相互关联的多个方面，当务之急是在拥抱技术的同时戒绝盲从，脚踏实地逐一解决当下存在的隐忧与问题，逐步提升基层干部担当作为评价与开发的质量。

1. 构建基层干部担当作为的坚实内核

有效实施“数字”促担当，提升担当作为评价效能的首要前提，便是准确把握基层干部评价中的“变”与“不变”。无论基层干部评价及以此为基础的干部选拔、培养方式如何变革，变化的始终是评价形式与随现实发展需要而不断延伸的具体评价内容，而深层的评价目的，以及评价内容的总体方向则应始终坚持不变。因此，需要着重构建基层干部担当作为的坚实内核，在思“变”的同时必须清醒认识到哪些可以变，哪些不能变，从而切实有效推动基层干部担当作为评价与开发建设，切实提高基层干部效能。

一方面，在不断思考如何运用技术手段改进基层干部担当作为评价与开发具体方式的同时，需要将基层干部评价的出发点贯穿始终，即实现对基层干部现状认识的精准化，选拔培养出真正堪当民族复兴重任的高素质基层干部。作为“手段”的技术所解决的始终是“怎样评”的问题，而“评什么”则从来都是干部评价的核心。社会主义现代化强国建设的需要，中华民族伟大复兴的实现，不断对基层干部的素质、绩效提出更高要求。但这些要求总可以归结至德、能、勤、绩、廉的主要方向。无论现实形势怎样变化、新兴技术怎样发展，基层干部评价都应牢牢把握其出发点及主要方向。在大力推广新兴技术用于“数字”促担当的具体做法以前，更为首要的任务是构建基层干部担当作为的坚实内核，确保所“评”的真正是党和国家发展的现实所需。

另一方面，在准确把握基层干部评价的明确目的，构建基层干部担当作为坚实内核的基础上，必须时时积极思变，充分把握新兴技术所能带来的对基层干部认识精确程度的提升。新兴技术带来生产力的极大变革，让原本“无法评”的内容变得“可以评”，让“难以评”的内容变得“容易评”。在中国基层干部担当作为评价与开发面临诸多现实挑战的当下，借助新兴技术改进传统评价方式是目前可见最为有效、可行的一条路径。在构建起基层干部担当作为坚实内核的同时，必须尽最大可能把握新兴技术为提高基层干部担当作为评价效能所创造的良机，应对现有评价方式无法胜任社会主义现代化强国建设的严峻现实。

2. 中国化的新技术评才开源共享工具箱

构建基层干部担当作为内核之余，需要正确认识到各种新兴技术的优势所在，从而选择恰当的新兴技术来改进新兴技术评价基层干部担当作为。从数据搜集上看，大数据技术能最全面、完整地搜集评价所需的数据，物联网技术能有效降低日常工作中搜集、获取评价所需数据的成本，区块链技术则可充分发挥其多中心、不可篡改的特征，保证数据的完整性；从分析应用上看，人工智能技术能依托算法进行准确、公正的评价，云计算技术得以使技术欠发达地区使用新兴技术进行基层干部评价同样成为可能。诸多新兴技术均具有自己的优势，而运用何种工具、在何种方面对传统基层干部评价及以其为基础的干部选拔、任用进行改进，则有待学界、实践界做进一步探索。

同时，在正确认识到各种新兴技术的优势之后，需要尝试构建“开源共享工具箱”，在领先的部门尝试新技术评才实践，应用新兴技术成功建立评才程序、平台后，应将技术在一个类似“工具箱”的开源平台与其他部门开源共享，从而降低技术开发的成本。各部门应充分结合自身评才范围、目的及形式等现实情况，对“工具箱”中的技术进行合理化改进。在工业4.0时代，新兴技术正呈现井喷式的产生与发展，许多新兴技术以惊人的速度更新迭代（米加宁、章昌平、李大宇，2020）。这需要我国部门持续进行探索尝试，不断将用以改进基层干部选拔评价、培养评价的“新尝试”添加至工具箱中，在各地各部门的合力探索下，最终形成一批受到认可、适用于多变情况的新兴技术评才工具。

3. 面对新兴技术带来的隐忧

面对新兴技术可能带来的准确性隐忧。第一，在难以支撑算力的问题上，算力基础设施初期建设成本较大，私人部门难以负担，更接近于一般意义上的公共产品。为此政府应当出资修建公共算力基础设施并持续支持，并通过云计算等方式支援经济欠发达地区使相应部门能够使用新兴技术，避免陷入虽有设施但难以为继的窘境。事实上，武汉已经建立了人工智能超算中心为相关部门和社会提供大量算力。此外，政府需要“全国一盘棋”协调全国算力输送，低成本实现全国算力资源的建设及调度。我国东部地区的算力需求较大，但西部地区算力需求较小，且因为能源丰富、气候适宜，算力资源维护成本较低。因此我国推动实施了“东数西算”工程，将东部地区的非实时算力需求输送到成本相对较低的西部地区的数据中心进行计算并反馈。“十四五”规划中也通过调整产业安排，让电力算力联动建设，从而大幅降低用电成本，减少维护算力的费用。第二，在算法存在偏见和漏洞的问题上，一方面，政府可以牵头制定行业技术规范，监督算法。如 IEEE 发布的《合伦理设计（第二版）》（Ethically Aligned Design Version 2）已经指出可以开发标准评估人工智能算法中存在的偏见（How，2018）。另一方面，推动技术进步能一劳永逸地解决这一技术难题。目前已有“解释算法”技术通过更为简单的新算法模拟旧算法，打开“算法黑箱”监督偏见问题；也有学者另辟蹊径，认为可以通过多次输入相反内容，比较输出结果监督算法偏见（Wachter，Mittelstadt & Russell，2018）。第三，在算料质量不佳问题上，为获得全面算料，各类新兴技术需要注意用户友好建设，通过友好的界面设计降低使用门槛。此外，基层干部不能因为使用新兴技术获取信息的便捷而忽视了传统调研方式。毕竟“没有调查就没有发言权，更没有决策权”（中共中央办公厅，2023），为了确保数据全面，基层干部不能忽视使用传统调研方式补充来自于不使用电子平台的群体意见，而语音识别、拍照取字等人工智能自然语言处理技术已经降低了数据获取成本。第四，进一步发展数据筛选技术也能够避免“噪声”导致的算料污染，提高算料质量。最终获得充足算力、价值中立的算法和全面而高质量的算料，使“数字”促担当更为准确。

面对新兴技术难以得到群众信任支持的隐忧。第一，为解决数据搜集过程中令部分人群反感的问题，政府需要完善行业规范，严格保护用户隐私，确保大数据技术只搜集能够为群众同意的部分信息，在数据搜集后使用区块链技术妥善管理数据信息，保证信息不被非法利用；同时普及国民数字信息素养教育，让群众明确搜集信息只是用于政府治理，而非公器私用的利己行为。第二，为解决新兴技术过于复杂难以监督的问题，在技术层面，上文的"解释算法"等技术手段可以让人工智能的运作机制能够被人们所理解，让人为监督提供可能。欧盟发布的《可信 AI 伦理指南草案》也提出可以训练监控模型，一劳永逸地让技术去监督技术（European Commission，Directorate-General for Communications Networks，Content and Technology，2019；陈鹏，2021）。第三，为解决新兴技术难以问责的问题，一方面，需要为那些缺乏专业知识和信息渠道的群体搭建问责渠道。例如发展专业技术人才进入政协，接受群众意见，代表群众发声议政。另一方面，政府需要建立针对各类新兴技术的审计机制，评估算法、算料的设计过程，接受问责并了解是哪个环节出现了问题，从而真正解决问题。第四，为解决新兴技术辅助下的价值权衡问题，应该将新兴技术置于社会公共价值的框架之中，以社会主义核心价值观为思想底色，在党政主导的基础上引入各个利益相关者，并利用听证会等机制引入多元主体参与算料、算法的确认和检验。如此，让各个主体信任并支持新兴技术。

面对新兴技术导致的异化隐忧。其一，对于新兴技术带来的基层干部能力危机问题，不可忽视的是新兴技术确乎可以更全面科学地考察候选人，选拔出群众需要的基层干部。问题主要产生在基层干部的培育过程中，在于新兴技术消解了基层干部锻炼自身能力的热情，政府应该重视对基层干部的公共行政素质开发，强调公共服务精神和创造性工作能力的培育。基层干部自身有着不会被机械化、程式化的人工智能替代的独特价值，他们的热情、关爱和创新恰恰是人工智能难以实现的，他们不需要放弃自身原有的技能配合以人工智能为首的各类新兴技术，其主体地位因人类独有的能力得到维护。其二，面对人和新兴技术主客体颠倒的角色危机问题。政府一则应该重视干部的科技伦理教育，意识到各类新兴技术的局限性甚至危险性。公共政策需要考虑公共价值，而大数据只是搜集数据的工具，区块链只是保护数据安全性的工具，能够辅助决策的人工智能技术在当前技术条件下仍旧难以处理存在价值性问题的复杂事件。政府和基层干部应当避免盲目跟从技术，成为技术的傀儡。二则需要出台相关制度确立对于使用新兴技术决策结果的质疑渠道，鼓励基层干部发现其中存在的不足，并结合经验给出自己的创造性解决方案。其三，政府可以选聘具备数字素养和专业技术的人才加入基层干部队伍，接受同事诉求，有目的地使用和改造新兴技术，明确人的主体地位，解决异化问题。

三　行稳致远：未来方向与实施建议

1. 形成基层干部“数字”促担当的中国方案

在“数字”促担当建设过程中，需要及时关注“数字”促担当推进的实践反馈，形成新兴技术路径下基层干部担当作为评价与开发的“中国方案”。放眼世界，在政府部门内通过新兴技术改进政府部门人才评价是当今世界各国所普遍尚未开展的尝试，中国要在这一方面占据先机，就必须更多从国内实践经验着手，及时对国内“数字”促担当试点所取得的成效及时进行评估、反思。要维持“数字”促担当建设长久延续，使其持续发挥作用，就必须及时对经验进行总结。诸如上文所提及大数据、区块链等技术已经被应用于改进传统基层干部选拔培养评价方式的做法，目前尚鲜有相关研究对其深入分析，更缺乏对其本质及隐忧的反思。要实现“数字”促担当的持续良性发展，就必须及时反思现有实践，探索得以在更大程度上向全国推广的一般性方案。

形成“数字”促担当的中国方案，需要着重关注以下三个方面。第一，关注中国“数字”促担当实施的“技术方案”。新兴技术的成熟是改进传统基层干部“数字”促担当的基础条件，尽管中国在前三次工业革命中均未能抓住发展机遇，但在“工业 4.0”中，中国已经走在世界前列。形成“数字”促担当的中国方案需要密切关注新兴技术成熟度，不断思考新兴技术应用于改进基层干部“数字”促担当的现实可能。第二，关注中国“数字”促担当推广的“认同方案”。虽然数字政府建设为“数字”促担当扫清了一定的思想障碍，但距离“数字”促担当被各级各地方部门所广泛接受尚具有相当距离，必须不断探索如何使“数字”促担当广为党政体制内部普遍接受。第三，关注中国“数字”促担当落实的“实践方案”。从全国各地“数字”促担当的试点中不断挖掘先进方案，从失败尝试中反思不足，力求形成具有科学性、能充分提升国家干部担当作为评价效能的可行方案。只有不断形成“数字”促担当的“技术方案”“认同方案”与“实践方案”，才能构建真正有益于改进传统基层干部考评，促进基层干部担当作为评价效能提升的“中国方案”。

2. 以技术缓冲带实现“数字”促担当的渐进变革

必须清醒认识到，在党政体制内部推动干部管理变革并非能如在企业内般快速。相较于企业中可期实现的“颠覆性创新”，政府部门则往往需要更加注重把握实际情况稳步开展。“数字”促担当建设不应操之过急，需要先建立试点渐进变革的“技术缓冲带”。“数字”促担当需要在我国一些干部担当作为评价与开发体系、技术条件相对完善的地区率先试点，在政策试点过程中不断汲取经验、改进做法，从而逐步形成适应我国基层干部“数字”促担当一般情况的具体方案。具体而言，在技术缓冲带建立过程中需要从结果、过程两方面格外加以注意。

其一，从评价结果看，必须充分认识新兴技术所可能导致的“评价结果不准确”等风险。尽管新兴技术发展能带来基层干部担当作为评价效能的极大提升，但受制于技术本身或技术在“数字”促担当中适配不够、磨合不佳的局限，评价结果方面存在诸多隐患。诸如新兴技术受算力难以支撑、算法存在偏见、算料质量不佳等问题的限制，仍具有造成评才结果不准确的风险；而倘若评价者过分依赖新兴技术，则易于使评价者丧失其本身对基层干部可任用性、可培养性的判断，由“使用技术”转而“为技术所役”，新兴技术评价在基层干部选培过程中反将起到负面效果。值此新兴技术在党政部门中担当作为评价与开发基层干部的尝试方兴之际，需要针对“数字”促担当在评价结果公平性、准确性等方面可能产生的隐忧提前进行思考，并有针对性地加以预防应对，确保“数字”促担当能够得出真正可靠的评价结果。

其二，从评价过程看，必须谨慎应对“数字”促担当过程所面临的科技伦理挑战。《关于加强科技伦理治理的意见》指出，“科技活动应客观评估和审慎对待不确定性和技术应用的风险，力求规避、防范可能引发的风险，防止科技成果误用、滥用”。作为将新兴技术运用于改进基层干部担当作为评价与开发的可行路径，“数字”促担当的合法性不免受到评价者与作为被评价者的基层干部的质疑。基于此，一方面要严格规范“数字”促担当过程，建立完备的“数字”促担当监管体系，确保新兴技术在合理范围内应用于基层干部评价；另一方面要不断加强对评价者、被评价者的科技伦理教育，确保其能以客观、开放的态度正确认识科技评才，减少“数字”促担当建设过程中可能遭遇的阻力。

其三，从研究路径看，对“数字”促担当的研究不能仅仅依靠单一学科或少数研究者，而是需要社会科学、工程科学等领域合力完成。“数字”促担当要求将种种基层干部担当作为评价与开发的具体导向转化为现实可用的评价算法。一方面，需要社会科学在担当作为评价内容上予以界定把握，对“数字”促担当方案实施结果进行可靠评估；另一方面，也需要工程科学在技术上提供支持。尽管人工智能等新兴技术的发展、成熟为“数字”促担当创造了可能，但如何将这些技术在合乎科技伦理的前提下与基层干部担当作为所需的评价过程进行对接，则需要实践界与理论界、社会科学界与工程科学界的共同努力。因此，有必要形成跨学科的研究共同体，在开展“数字”促担当相关研究时组建兼有政府部门官员与社会科学、工程科学学者的研究团队，整合不同来源的研究资料、汇总不同学科的研究成果，形成学术与实践的“合力”，不断为发展改进“数字”促担当提供智力支持。

第四节　本章小结

推动基层干部担当作为是回应中华民族伟大复兴需要的关键一步，

借助新兴技术提高基层干部选拔精度、明确基层干部培养方向，是促进基层干部担当作为的关键路径。传统基层干部管理中准确性难以保障、紧迫程度陡然提高、工作量空前增大、公平性无法保证等诸多现实挑战，均可期借助新兴技术对传统基层干部担当作为评价方式的革新加以有效应对。

现今，国内的新兴技术助力基层干部担当作为评价与开发的尝试方从浙江等地兴起，尚未得到社会各界广泛关注与研究，此时确定未来的发展方向尤为重要，也亟待实践界、学术界深入探索并不断总结现实经验，形成适应中国实际的现实方案。与此同时，必须深刻认识到，引入新兴技术的道路荆棘密布，尚存在诸多现阶段难以预料的风险与挑战。须知“数字”促担当承担着关乎社会主义现代化强国建设的培养堪当民族复兴重任的高素质基层干部的重要职能，在进行实践尝试或进行相关方面研究时，也需格外谨慎应对可能遭遇的准确性、信任支持和异化隐忧。应用新兴技术对基层干部担当作为评价效能提升的意义重大，其理论研究、实践探索任重道远，需要学界与实践界携手共进，不断深化对这条新兴技术路径的认识与探索。

第七章　尾声：主要结论与进一步思考

在从多个不同角度探讨基层干部担当作为的特征、动机与影响因素，精细化分析可能对基层干部担当作为造成影响的潜在变数以后，本章尝试对全书研究内容做出总结、讨论与展望。第一，归纳全书质性、量化、规范研究的研究结论，对各章节围绕基层干部担当作为形成的一系列结论进行比较；第二，基于一个现实基层街道单位的实地调研案例，思考我国的研究者应该在研究时做哪些努力，帮助基层干部担当作为管理与激励改进，让有关干部担当作为的研究真正“有用”起来；第三，针对本研究的研究局限做出反思，并对后续有关基层干部担当作为问题可以继续开展的研究做出展望。

第一节　研究的主要结论

一　结论与讨论

本研究采取先质性探索，后量化检验，再进行规范分析反思的方式，对基层干部担当作为的系列问题进行了全面探究。在对担当作为既有研究的综述中，本研究分别就基层干部担当作为的特征、动机及影响因素相关研究进行了归纳总结，发现对基层干部担当作为特征的研究融合了大量个体决策过程，尽管研究内容较为丰富、全面，但没有切实关注到基层干部担当作为的具体特征及行为逻辑，缺乏简明的描述性定义与具体的操作化定义；关于基层干部担当作为动机的研究大多认为动机来自思想觉悟、政治水平等，且关注热点在公共服务动机，没有明确关注到担当作为的行为动机或大多仅仅简单地将担当作为动机进行内部动机、外部动机的简单二分；对担当作为影响因素的研究主要关注担当作为行为的促进，缺乏对何种因素可能影响基层干部担当作为动机作用机制的探索。基于文献综述所发现的基层干部担当作为相关研究的趋势与不足，本研究进行了整体性、科学化的研究设计，具体得出了如下研究结论。本节即对这些研究结论进行回顾与讨论。

首先，本研究探究了基层干部担当作为的行为特征及逻辑。第一，本研究基于党和国家官方宣传的担当作为“榜样”基层干部，擘画了基层干部担当作为的主要特征，发现基层干部担当作为主要具有重视居民诉求、想方设法回应居民诉求以及解决居民诉求问题成效突出三个方面，具体地，在意识层面“重视居民诉求”具体有畅通居民诉求表达渠道、主动了解居民现实诉求及重视工作职责外居民诉求三种具体表现，行为层面的“想方设法回应居民诉求”具体有坚持不懈尝试解决、不惧多方压力、巧用方法创新工作三种具体表现，结果层面“解决居民诉求问题成效突出”主要有居民诉求问题得到有效解决、居民生活整体更加积极阳光两种具体表现。

在擘画完成基层干部担当作为特征的基础上，本研究进一步探究了基层干部担当作为的行为逻辑机制，发现基层干部担当作为的行为逻辑也正类似于“新·褒禅山逻辑”。担当作为意愿是基层干部担当作为行为的起始出发点，担当作为偏好与担当作为认同同时发挥作用，两者往往在担当作为型干部的身上共同存在，只是发挥的强弱作用各有差异。具备担当作为意愿的基层干部能否成功担当作为，一个决定性的因素是能否充分调动各种资源达成担当作为目标的担当作为能力，既包括运用自身性格、学历、岗位资金、资产等自有资源的能力，也包括调动个人社会关系、岗位社会关系等可控资源的能力。兼备担当作为意愿与能力的基层干部最终能否实现担当作为，受到包括所在单位的职务要求、工作环境等微观情境，上级政府硬性要求、软性支撑等中观情境，以及党和国家顶层的激励机制、容错纠错机制建立等宏观情境等不同层级情境的制约。

本研究还探讨了现实中基层干部与担当作为“榜样”基层干部在担当作为上的差异，发现“期许”与“实际”最大的差别在于担当作为出发点是公共价值还是工作职责，基层干部在进行担当作为时更加看重“居民要求我做什么”还是“工作要求我做什么”。意识层面，榜样干部与现实干部同样强调履职，要求做好本职工作，但榜样基层干部更多以居民的直接需求为出发点，主动了解民情；而现实中基层干部则往往专注于完成领导分派的工作任务，主动性上相对欠缺。行为层面，榜样干部会想方设法满足居民诉求，具有一定要将居民所反映的问题彻底解决的毅力、决心和方法；而现实中基层干部多局限在工作本身，执着完成工作职责内的任务。尽管他们意识到要克服工作中可能遭遇的困难，但缺少工作韧性和创新，只是“尽可能”来做。结果层面，榜样干部的担当作为均取得了一定成效，而现实中基层干部则未足够重视担当作为的结果。

其次，本研究解构了由担当作为动机经过担当角色认同、最终影响担当作为的行为机制。本研究沿着“自主性—受控性”的轴线分析担当作为动机，量化验证了基层干部自主动机的“内在调节：担当偏好”“整合调节：担当价值观”“认同调节：担当认同”；受控动机的“内摄调节：担当心安感”“外在调节：担当压力”对担当作为的积极作用，发现担当作为动机的各子维度均与担当作为有着显著正向关系，各种自主性、受控性动机均是促进基层干部担当作为的重要动因。尽管同样对担当作为具有正向作用，各种担当作为动机对担当作为影响的强弱各不相同，从强到弱依次为担当心安感 > 担当偏好 > 担当价值观 > 担当认同 > 担当压力。本研究同样发现了担当作为动机对担当作为的作用经过了担当角色认同的中介，个体具有的多种担当作为动机的具体子维度都会形成担当角色认同，完成自我整合，进而产生担当作为的行为。

再次，本研究精细化探索了担当作为行为机制的适用边界。在各类担当作为动机对担当角色认同的总效应方面基本验证了第三章的结论，并在总效应方面发现区分担当压力之后，担当正压力和担当负压力的影响差异；交互效应方面，担当负压力是担当价值观和担当心安感产生积极效用的干扰因素，因此需要审慎对待负面惩处的方式。在担当作为动机、担当角色认同与担当作为行为完整行为路径的调节作用部分，一阶段调节效应方面，上级支持对于各类动机与担当角色认同之间关系的调节效应不显著，但繁文缛节会在担当价值观、担当正压力、担当负压力三种担当作为动机与担当角色认同间发挥调节效应，并且表现出了两面性；二阶段调节效应方面，职业声誉感对担当角色认同与担当作为行为之间关系的调节效应并不显著；但是工作焦虑感能够发挥调节作用，工作焦虑感水平越高，担当角色认同对担当作为的正向影响越强，对于已经认同担当作为角色的基层干部而言，一定的工作焦虑其实可以催人奋进。

之后，本研究立足现实情境探究了如何在组织中“提振工作投入”以及“抑制怠惰行为”。在提振工作投入以促进担当作为方面，本研究对比了两种对担当作为情境造成较大影响的因素“组织不良风气”与“政治忠诚型领导”分别对于基层干部工作投入的影响，发现组织不良风气负向影响干部的工作投入，而政治忠诚型领导正向影响干部的工作投入。对比这两种影响的强度，可以发现政治忠诚型领导的积极作用更强，而组织不良风气的消极作用更广。进一步地，本研究确认了这一机制中组织认同和道德认同的重要中介作用，并且为先组织再道德的二阶段链式中介作用。组织不良风气与政治忠诚型领导均首先影响干部的组织认同，再通过组织认同影响干部的道德认同；道德认同影响了干部的工作投入，即由组织不良风气/政治忠诚型领导到组织认同，再到道德认同，最终对基层干部担当作为的现实表现“工作投入”产生影响。

同样地，本研究对如何抑制工作怠惰的“不作为”展开讨论，深入探究通过赋予基层干部工作方法自主权抑制其怠惰行为的作用机制，发现赋予基层干部工作方法自主权经过干部职业承诺的中介作用对怠惰行为造成抑制，这一中介作用在第一阶段、第二阶段分别受到同事支持感和资质过高感的调节。当同事支持感处于较高水平，同时资质过高感水平较低时，工作方法自主权通过职业承诺降低怠惰行为的中介作用最强且显著；而当同事支持感水平较低时，即使资质过高感同样处于低水平，中介作用也并不显著，说明相较于资质过高感，同事支持感在此作用机制中更为重要。

最后，本研究基于当前新兴技术时代的机遇与挑战讨论了新兴技术助力下担当作为评价与开发的现实挑战。其一，回顾探讨了我国基层干部担当作为评价的既有机制，于新兴技术环境下我国的现有条件已然能够为使用新兴技术"数字评担当"创造了切实可行的条件，展望数字赋能下革新传统干部担当作为评价机制的可能。其二，第六章基于现有的国内外使用新兴技术评价干部的"试点"情况，探讨新兴技术可供使用的具体情境。其三，辩证地立足现实，展望未来使用新兴技术"数字评担当"可能会引发的"准确性隐忧""信任支持隐忧"和"异化隐忧"。其四，面对新兴技术自然需要防微虑远，一方面需要戒绝盲从，做好应用新兴技术的基础准备，避免盲目偏听偏信技术，走向"技术万能论"；另一方面，在形成足以行稳致远的中国方案前也不能故步自封，而是可以利用技术缓冲带实现"数字评担当"渐进变革。当然，未来仍旧需要学界与实践界携手共进，不断深化对这条基层干部新兴技术路径的认识与探索。

二　研究贡献与实践建议

1. 研究贡献

第一，本研究丰富了担当作为的相关理论，擘画了基层干部担当作为行为特征及逻辑的整体面貌。在探究基层干部担当作为的具体行为逻辑时，尝试与场域理论进行了对话。突破以往研究在关注基层干部的担当作为问题时，往往较为局限地关注担当作为的具体内涵及影响因素的不足。认识到在现实中，作为个体的实践活动，担当作为具有其内在的运行逻辑，适宜作为整体进行分析。本研究则引入社会学研究中常见用于分析个体实践过程的场域理论进行分析，借助布迪厄的惯习、资本、场域等概念，归纳总结出基层干部担当作为由意愿到能力、情境、结果，最终反馈于意愿本身的完整逻辑过程。

第二，本研究结合自我决定理论，围绕"自主性—受控性"轴线，针对担当作为，提出了基层干部担当作为动机的五类子维度，构建了担当作为的量化测量和分析模型，实证分析了担当作为动机、担当角色认同以及担当作为三者间的关系。在以往研究已经关注担当作为相关的行为的基础上，针对性研究担当作为，为精准激发干部的担当作为提供了更可靠参考，以行为公共管理为视角，不仅在公共管理微观视域进行了有效尝试，还拓展了传统公共部门组织行为的具体研究视域，也为我国的公共部门人力资源管理提供了更契合中国情境的理论切口。

第三，本研究基于角色认同理论，引入担当角色认同作为中介变量，明晰了担当作为动机与担当作为行为之间的过程路径。本研究以担当角色认同为载体，分析多种动机维度整合为主观认同的过程，以及随后导致客观行为的转变路径。这一结论契合了现实生活中的人并不是简单受到某一种或某几种动机的影响，而是在同时受到多种动机影响的情况下，通过自我整合进而采取相应行为的实践，这对基层干部担当作为从动机到行为的转变具有更强的理论解释力。此外，本研究发现繁文缛节是削弱担当价值观、担当正压力和担当负压力对于担当角色认同影响的重要调节因素，既会使担当价值观对担当角色认同的正向影响降低，也会使担当正压力、担当负压力的负向影响降低。

第四，本研究关注当前政府部门存在一定的组织不良风气以及强调政治忠诚型领导的现实情境，发现两者的确会影响干部的工作投入，为遏制组织不良风气和强化领导的政治忠诚提供了实证依据。从影响作用来看，政治忠诚型领导对于干部工作投入的正面作用大于组织不良风气，对于组织认同也同样如此。而对于道德认同，与政治忠诚型领导相比，更多是受到了组织不良风气的影响。与此同时，本研究将上述影响干部工作投入的路径精细化，发现了组织认同、道德认同的二阶段链式中介作用。这一结论丰富了公共部门的工作投入的前因研究，尤其是中国情境的研究。组织认同体现的集体文化、道德认同体现的道德文化都突显了具有中国特色的故事，为从中国情境出发研究干部的工作投入提供了思路。

第五，本研究拓展了公共部门工作方法自主权与怠惰行为之间的关系与作用路径。工作方法自主权并不能简单带来干部怠惰行为的降低，需借由职业承诺的关键中介才能最终实现。尽管现有研究强调工作自主权能够带来正向的工作产出，但很少将之应用于公共部门，尤其是相对在政府更有实操性的工作方法自主权。本研究不仅关注工作方法自主权对干部怠惰的抑制，还具体分析了职业承诺的中介路径，并有力验证了其重要的桥梁作用。工作方法自主权尽管是一种组织层面的工作资源，但也需要内化为个体心理层面状态，才能真正减少消极行为，与工作要求—资源理论进行了良好的互动。此外，本研究在中介路径的两阶段分别关注同事支持与资质过高感的调节作用，构建了两阶段被调节的中介模型，进一步细化了对公共部门工作方法自主权何以抑制干部怠惰的"不作为"行为的理解。

2. 实践建议

第一，充分发挥基层干部身边"榜样"作用。担当作为"榜样"并非遥不可及，尽管官方宣传案例中榜样干部的实绩结果对大多数基层干部而言很难达到，但向他们的担当作为的意识、行为靠拢并非难事，也将逐步带来实绩。对于基层干部，相较于学习官方宣传案例中的"榜样"，学习身边"榜样"或许是更加切实、可感，引发更多共鸣和收获的可行路径。在实地调查中，笔者多次听到基层干部谈及自身受到榜样的激励，从而端正了工作态度、改进了工作方法，"今年来的社区书记，我就挺佩服人家的，他是从基层一步步干起来的……他这个人工作能力各方面特别强，我看到也很有动力"（访谈资料：KEJP3512）。在基层街道、社区中梳理担当作为榜样，不失为敦促基层干部担当作为的一条有效路径。

第二，激发基层干部党员先进性。基层干部基本均具有党员身份，这是敦促他们担当作为的一大动力。街道职位的确只赋予了干部完成本职工作的义务，但作为党员，更应该时刻铭记自己"全心全意为人民服务"的宗旨，将维护社区居民利益的一切行为作为己任。许多由官方宣传的"榜样"基层干部在谈及自身的担当作为时，均表示"这是党员身份所系"（访谈资料：LDFJ2021S03）。在实地访谈中，许多干部也表明自己担当作为“因为自己是党员”“作为一个党员干部，我觉得咱们还是要起到带头作用啊，当然更要发挥一些模范作用……我们作为干部要比一般居民意识要更再高一个层次，去奉献、去做事情”（访谈资料：AYZH4323）。要充分发挥“榜样”的作用，激励基层干部在意识、行为上与榜样看齐，使他们深刻意识到自己的党员身份与先锋示范作用十分关键。

第三，推广榜样基层干部正确的政绩观。习近平总书记指出，造福人民是最大政绩。部分基层干部并不重视担当作为，是由于并未树立正确的政绩观念。在部分基层干部的政绩观下，承担职责以外的工作并不产生政绩。在工作实践中面临问题时，他们尽管不推脱，但多是以一种消极的态度进行应对，只关注自己参与与否，不问成效。然而，在现实中不乏政绩观的榜样，“比如说包括老太太菜拿不上（楼）去，我帮着拿上去，比如今天出去调解了两个矛盾……其实就这些也没什么政绩，写汇报材料这些也太虚了，但我认为我们每个人都应该这么做”（访谈资料：THLJ3408），他们能为身边干部产生良性影响。因此，有必要推广“榜样”基层干部的政绩观，教育引导广大基层干部在政绩观上向榜样干部看齐，真正维护好、实现好最广大人民的根本利益。

第四，营造风清气正的政治生态环境。在政府的管理实践中，必须切实纠正“四风”，以及关注干部作风之外的组织风气问题，对于拉帮结派、搞小团体等问题要严肃处理，敢于亮剑。此外，必须重视“头雁”过硬的政治素质，尤其是领导干部的政治忠诚。在实践中，要首先培养领导干部政治忠诚型的管理风格，使领导者树立执行政治决定和决策的意识，并实际运用与日常的管理中。此外，本研究发现的组织认同的作用也提示政府部门集体教育的正当性和必要性，这充分体现了我国集体主义文化的优势。落实到操作层，政府部门应该加强组织文化建设，开展组织集体活动，以正气聚人心，提升干部的组织认同感。

第五，加强对基层干部道德认同的培养。管理者除了应在干部选拔中通过有效方式对人才的德进行考察以外，更应该注重在日常工作中对干部道德认同的培养，通过干部道德认同的提升带动其工作投入的提升。本研究发现道德认同受到了组织认同的影响，以此，以组织精神文明荣誉、组织内的模范干部等进行道德宣传，营造道德氛围形成组织凝聚力，可能是提升干部道德认同的有效途径。而上述实践的措施，都在结果上为当前提升干部的工作投入、激发干部担当作为提供了思路和参考。

第二节　再思考：如何让研究“有用”起来[①]

一　问题缘起与研究过程

1. 研究缘起

学界的研究是否能“有用”于基层干部的担当作为？公共管理学科的使命从来都清晰而重要，因为公共管理的研究实实在在关乎每个人的悲欢喜乐，并且以公众当前的直接需要为优先（何艳玲、2020；理查德·J. 斯蒂尔曼二世，2004）。讲好中国故事的本质是要立足中国实践，把论文写在中国大地上也要求学问更好地造福中国实践（丁元竹等，2021）。如何响应时代号召，研究和帮助解决现实挑战，是中国公共管理的大问题。许许多多的公共管理研究者，在这一过程中从不同的角度做出了自己的贡献（蓝志勇，2017）。然而不得不承认，公共管理研究在复杂的社会现实面前表现出局限性与“无力感”（米加宁，2020），研究者所认为的重要问题与当前实践所面临的紧迫问题出现了巨大鸿沟，大量的研究被认为是“脱离了真正的意义的”（Alvesson et al.，杨立华，2021）。这种质疑更深层次是对学术研究成果与实践关系的批判，“表面化、过分简化和缺乏现实性”的“行政谚语”批评（Simon，1946）如今依然掷地有声。

这一部分来自学界的自我反思，如“部分公共管理理论与在公共组织工作以及与公共组织打交道的人的实际经验是脱钩的”（Denhardt，

① 本节部分内容源自郭晟豪《读公共管理研究论文对实践有用吗？——以街道干部为例》，《公共管理评论》2023 年第 3 期。

2011）、“百万雄师奋勇向前的时刻就要开始，给公共管理学人们的大问题是，你们准备好了吗？不会还依然在自己一亩三分地的学术小园林中孤芳自责吧？”（蓝志勇，2019）另一部分则是来自实践界的敬而远之，大量实践者提到学术研究即概括为“高大上”，并得出“用不了”的结论。诚然，学术研究会因其专业性而不可避免地产生门槛，并不能苛求公共管理研究全部直接面向实践者。但不可否认的是，并非所有公共管理实践者，尤其是广大基层干部都会阅读“咨政报告”，也并非所有干部都能通过委派横向课题，或者通过发布征求意见建议的函件等方式向学界获取实践对策。因此，公共管理的学术研究成果如何为实践所用是必须思考的问题，尤其是当研究者在论文中写下“实践意义”或者“政策建议”时，这些“意义”真的“实践”吗？这些“建议”真的具有被采纳为“政策”的可能吗？公共管理的学术与实践仿佛陷入了“各说各话”的矛盾境地。

令人困惑的是：公共管理的学术与实践难道一直是对立而无法调和的吗？在研究导向和实践导向之间能否找到一个中间地点，从而将两者融合起来？尽管完美不存在，但是对完美的追求却是一种值得肯定的人类精神。本研究尝试着眼基层治理研究与基层干部的关系进行这种“追求”的尝试。一则是因为随着国家治理现代化的推进，当前基层治理重要又复杂（张翼，2020），许多公共管理研究者将研究视线转向了基层治理；二则是因为广大基层干部，尤其是基层干部工作繁琐和复杂，面临着诸多治理困境，也的确需要更多的意见和参考，基层工作细微的改进往往可以造福许多群众的切实生活。因此，基层治理学术研究成果的实践转化具有相当的现实意义。本研究即尝试从基层干部与基层治理学术研究成果为切入，探讨公共管理的学术研究成果能否以及如何为实践所用。

2. 研究过程

实地调研分三阶段四次进行，包括第一阶段的两次预调查、第二阶段的正式调查以及第三阶段的补充调查。第一次预调查目的在于确认“公共管理学术研究成果未较好被应用于实践”的问题对基层干部而言是否突出，以及何种类型学术研究成果与基层干部工作紧密相关，易于被基层干部所接受、阅读，找到可能为基层干部所"学以致用"的具体学术研究成果素材；第二次预调查目的在于再确认第一次预调查所发现问题在实践中的现实性，同时对第一次预调查中所搜寻的学术研究成果是否与基层干部的切实工作相关，是否能被基层干部接受、应用进行再次确认。在确定研究问题现实性、重要性之后，本研究进入正式调查阶段，选取一个完整街道及其下辖社区的基层干部为对象进行全面、系统的调查，采用访谈与其他数据来源相结合的方式，深入探究基层治理学术研究成果如何为基层干部的实践所用。待正式调查完成后，选择位于不同地区的另一街道进行补充调查，作为数据饱和性分析。

由于当前我国基层治理工作兼具重要性、复杂性，且普遍存在对基层治理研究尚未被基层干部群体较好用于参考、改进工作实践的担忧，故而本研究试从基层干部与基层治理研究之间的关系入手，关注公共管理领域学术研究成果能否、如何为实践所用。回答"怎么样""为什么"的问题宜采用定性研究。具体地，本研究主要采用响应式访谈法获取资料。响应式访谈法关注受访者的个人经验与对外部的认知，能在访谈者与受访者之间建立起平等关系，有助于使受访者在更加放松的状态下进行回答，从而提高访谈研究的信效度（赫伯特·J. 鲁宾、艾琳·S. 鲁宾，2010）。同时，为确保研究结果的可靠性，本研究采用多元数据来源，在调查中运用现场观察、查阅资料记录等方式丰富获取的研究资料。

本研究的素材主要通过响应式访谈获取，为保证研究素材的丰富性，研究通过现场观察、查阅资料记录等方式获得多元证据加以佐证。本研究现场走访了基层干部的工作场所，对其日常工作环境（如办公室、阅览室等）进行了实地观察；同时，笔者进行访谈时，由两名助手对受访基层干部的表情、语调、手势等身体语言进行详细记录，进一步保证访谈证据的真实性。此外，本研究请基层干部展示其在访谈中口头提及的材料，如工作记录、阅读笔记、所关注与工作相关的公众号等，并如实记录，从另一视角提升了素材的丰富性。除正式调查所得的素材外，研究将预调查所获取的基层干部样本素材也加入到质性分析中。对通过上述各种方式取得的研究素材进行分析梳理，提炼基层干部实现研究成果转化的基本逻辑。

二 研究成果转化的基本逻辑

要探究基层干部如何“学以致用”，实现研究成果转化，其在工作中遭遇的现实问题是重要的出发点。基层治理工作中存在的现实问题往往是基层干部学习学术研究成果的触发动机，基层干部在解决问题这一目标的驱动下，开始对学术研究成果的转化应用。

1. 遭遇问题：为何不使用研究成果

当面临工作现实问题的冲击，基层干部需要思考通过何种方式予以解决。多数基层干部在解决问题时并不使用研究成果，他们习惯于与领导同事协商，在部门内部解决问题，“个人自身解决不了的（问题），我们会给领导汇报，相互之间就是沟通商议解决（访谈资料：JDGJ3721070）”。当内部解决失效，基层干部会求助于部门外的经验。例如借助上级的政策性文件解决问题，“因为咱们毕竟主要是面对居民，主要就是翻阅上级的政策性的相关文件”（访谈资料：ZXYW382107S），抑或向在社区生活的有经验的老党员干部请教，“有些老干部老党员的经验，咱们我反正是想不到，他们办法特别好，而且特别有效”（访谈资料：XYYJ3621070）。基层干部大多数问题的解决主要依赖于部门内、外部的经验借鉴，在一定程度上对研究成果产生了挤出效应。

但是，在不使用研究成果解决问题的干部中，多数基层干部并非刻意不使用研究成果，而是不知道研究成果存在“还真不知道，接触不到。我们有可能看到的这个渠道就是，上面有时候给我们转发下来的，或者说硬性要求看的这些……学术论文还真没地方，也不知道怎么去看”（访谈资料：JGXM4021070）。部分基层干部对“学术研究成果”认知并不正确，认为研究成果是单位组织“专题学习”时所发放的政策文件，“论文之类的，我们一般专题学习的时候才看”（访谈资料：JDGJ3721070），实际也并未接触真正意义上的学术研究成果。多数基层干部对研究成果的认知不足，故而学习、应用也无从谈起。

值得欣慰的是，有些基层干部基于偶然接触到研究成果，并在一定程度上实现了成果转化。有基层干部通过阅读公众号推送的方式偶然接触了研究成果，对研究成果进行学习，并将其运用至工作中，“比如说关于基层参与的一个文章，他会利用这个政务新媒体，比如微信群，然后来促进社区和居民之间的互联互通的关系……我就觉得很好，我在我的工作中也建了这么一个群，然后经常在群里面交流”（访谈资料：SLYN3020110）。但这种接触大多出自偶然，当基层干部想再次寻找研究成果时，往往仍不知从何下手。

2. 接触阻碍：基层干部与研究成果间的“壁垒”

接触是实现研究成果转化的关键。若基层干部未曾接触研究成果，即便学习动机被触发，也不具备“学以致用”的前提，无法实现研究成果向现实的转化。调研发现：基层干部接触研究成果遇阻，既有研究成果传播途径有限、新媒体传播影响力不足导致成果尚未被基层干部广泛知晓，干部难有接触的想法，即存在接触意愿阻滞；也有基层干部个体并未掌握研究成果的接触方式，信息素养不够，受制于自身接触能力。

研究成果传播途径有限。基层干部接触研究成果遇阻，其首要原因在于当前研究成果传播途径极其有限。作为研究成果版权的归属者，期刊决定了通过何种方式进行成果传播。多数期刊选取的传播媒介十分有限，除纸质期刊印刷发行外，大部分期刊选取的唯一传播方式便是“中国知网”。当前基层干部中的青年群体大多在接受高等教育期间通过知网完成过自身的学业、科研任务，知道如何使用中国知网，“我是大学本科学的法学，我喜欢看这个东西（论文）。然后后面我们进了社区之后，我们就社工这方面看的多一点”（访谈资料：ZXWQ4021070）。然而对于当前正处于街道工作中流砥柱的中年干部群体，多数并不知晓知网的存在及使用方式。笔者在访谈过程中询问了每一位受访者“是否知道中国知网”，大多得到否定答案，“I：您听过中国知网吗？R：什么知网，哪个‘知’？”（访谈资料：SGXL4021070）即便是先前接触过中国知网的青年基层干部，离开高校后失去了免费阅读研究成果的渠道，大多也不会主动登上知网接触研究成果。传播媒介的匮乏在很大程度上让许多基层干部难以接触到研究成果，久而久之也就不会再想到去接触，造成基层干部接触研究成果的意愿阻滞。

新媒体传播尚未形成影响力。伴随新媒体技术的发展，部分期刊和自媒体开通了学术微信公众号，通过公众号推送的方式传播相关研究成果，在一定程度上拓宽了传播途径。但这一接触途径目前尚存在诸多不足之处。第一，多数基层干部同样不知道此类微信公众号的存在。如果没有他人推荐，基层干部很难获得接触到这些学术公众号的契机。第二，受上级政府要求，基层干部平时关注了过多公众号，“一般就是咱们街道上或者相关的一些部门要求的，人家就直接把公众号发到咱们群里，要求你必须关注这个公众号，咱们就去关注。我这个手机关注的公众号多到手机都不能动了”（访谈资料：JGXM4021070），在每天接触到的海量信息中，基层干部即便关注了学术微信公众号，也很难看到公众号推送的消息。第三，由于学术微信公众号推送的内容并非总是契合基层干部正在从事的工作，基层干部并不会以“星标”特别关注。因此，在当前海量的信息来源下，学术期刊和自媒体开设的学术微信公众号等新媒体传播渠道难以脱颖而出，无法在诸多信息源中彰显竞争力，干部因为不熟悉而不愿主动尝试接触。这也在一定程度上造成了基层干部对研究成果接触的意愿阻滞，限制了研究成果的传播。

实践者缺少信息检索素养。除受限于成果传播造成的接触意愿阻滞，基层干部自身大多尚不具备主动搜寻、接触学术研究成果的能力，同样造成其实现研究成果转化遇阻。如前文所述，多数基层干部并不知道研究成果存在，当遭遇现实问题需要从外部寻找信息时又技能有限，往往习惯于借助“百度”等搜索引擎搜索相关内容，“有时候上百度看看，也学习下别人的经验”（访谈资料：XYMB382107S），查阅百度主页下面的推送，或浏览诸如“今日头条”之类APP，“有一个就是‘今日头条’，这上面的内容比较齐全一些，我们可以收到很多跟我们社区工作相关的”（访谈资料：SGXL4021070）平台找寻经验，并不会想到通过学术资源数据库以主题词、关键词检索，以期刊引文索引、被引频次筛选找到高水平的学术研究成果。大部分基层干部只是掌握简单的信息获取方法，距离真正掌握自发针对性检索获取研究成果尚有一定距离。信息素养不足的限制使得基层干部即便偶然接触了研究成果，认为研究成果于现实“有用”并想要再次寻找和使用，仍无法通过自身力量找到与工作问题相关的研究。

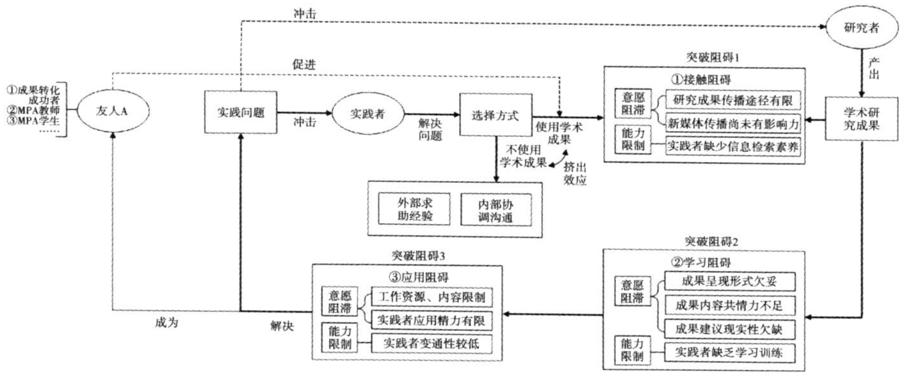

图 7.1 基层干部的学术研究成果转化基本模型

3. 学习阻碍：“望而生畏”与“浅尝辄止”

调研发现，即便通过某种机缘巧合成功接触了研究成果，基层干部仍难以在学习阶段将研究成果内化为自身知识，转化为解决工作问题的具体知识，完成“消化吸收”的学习过程。学习的失败是造成研究成果转化难以实现的又一大阻碍。哪些因素造成了学习失败？在本部分的研究中，笔者向每一位受访街道提供预调查阶段所确定的不同呈现方式、不同研究方法的研究成果素材，帮助他们突破接触阻碍，使他们得以面对“学习”的阶段。

具体地，笔者邀请受访者现场阅读笔者提供的研究成果，找出哪些研究成果对其而言更愿意阅读。当受访者抵触阅读学习时，笔者会询问其抵触的原因。之后，笔者会请受访者“再读读”，在与基层干部的交流中逐渐厘清受访者难以学习的原因。调研发现，研究成果呈现不佳，内容共情力不足，提出的建议现实性欠缺等因素均会造成基层干部的学习意愿阻滞，而基层干部在理解研究成果上缺乏学习训练也对其学习成果造成能力上的阻碍。

研究成果呈现形式欠妥。造成基层干部对研究成果学习意愿阻滞的重要原因之一是研究成果在呈现上不易被实践者接受。访谈中，笔者携带按照期刊原格式打印的研究成果请基层干部现场阅读。许多基层干部直言，对研究成果的阅读体验十分糟糕，这在很大程度上降低了基层干部的学习意愿。一方面，由于期刊在进行论文排版时需要考虑版面限制等方面因素，因而存在论文排版字体过小、行距过密等问题；另一方面，学术论文往往动辄上万字篇幅，基层干部阅读起来十分困难，“字太密了，太长了，就不想看了”（访谈资料：HPCR3521070），不经阅读便想直接把论文放下。研究成果呈现不易被实践者接受，使广大基层干部对其进行学习的意愿大为降低，造成基层干部对研究成果的学习意愿阻滞。

由于移动设备的便捷性，通过自媒体接触研究成果相对容易，这是另一种成果的呈现形式。笔者也向受访者提供了自媒体版本。调研发现，当前自媒体所呈现的研究成果形式同样不佳。内有大量图表的论文往往排版难度较大，出于转载便捷性考虑，自媒体在转载研究成果时常将学术论文以印刷版图片的形式进行推送。这一形式带来的阅读体验并不好，在手机小屏上呈现出来往往更加难以阅读，“不爱看，因为对眼睛不好，我看的时间长头晕的不行，难受得很，可能是年龄的关系”（访谈资料：JGYZ4221070），“我们的手机都（把字体）放特别大，但是有的公众号他们上面是个图片，那种就不方便看”（访谈资料：ZXZH4321070），严重影响了基层干部的学习意愿。另一方面，许多期刊公众号尽管在呈现论文时重新进行了排版，但省略掉了“参考文献”部分。这导致当基层干部即便产生兴趣，想要寻找相关内容进行深入学习时遭遇困难，在一定程度上阻碍了基层干部进行研究成果“再学习”的意愿。研究成果在传播过程中形式呈现方面的欠妥，也造成了基层干部学习研究成果的意愿阻滞。

研究成果内容共情力不足。基层干部在学习研究成果时，十分看重研究成果在选题上是否具有“共情力”。基层干部们在拿到笔者给予的不同研究成果素材后，对有些只是看过标题便置于一边，有些则是饶有兴致地阅读起来。笔者追问原因后发现，一些研究成果不只在话题上与工作紧密相关，更在内容上符合干部的切身体会，能引发基层干部的“共情”，“这些东西要是平时我们遇到的话，可能就把这个收藏了！包括这些目前开展党史学习教育、‘为群众办实事’里面，我觉得这个里面可能很多东西比较值得借鉴学习”（访谈资料：ZXYW382107S），让基层干部大大提高学习意愿，甚至可以突破形式不佳所造成的学习意愿阻滞。相反，难以引起基层干部共情的研究则无法引起基层干部的学习意愿。部分成果并未切中现实问题，“这种论文你说在实际工作中，比较‘高大上’，其实也真的是运用不到实际工作中”（访谈资料：JGYZ4221070）。有些论文发现的问题早已在现实成了陈词滥调，“（论文中所提及社区工作中的问题）大同小异，往上他都提的是一样的，都差不多”（访谈资料：JDGJ3721070），不符合街道干部的现实体会、不是基层干部亟待解决的问题，很难引起基层干部共情，让基层干部无法产生学习意愿。研究成果缺乏共情是造成基层干部学习研究成果意愿阻滞的又一重大原因。

研究成果建议现实性欠缺。同时，基层干部同样注重研究成果所提出建议的“现实性”。有些文章虽然捕捉到了现实问题，但提出的建议则相对脱离现实，在基层干部们看来不具有现实性，“就是写也都写到要点上了，这些像社区志愿者存在的问题，存在的问题基本上都差不多。不过他这是书面性的写了一下存在这些问题，但是实践性（笑）可能就有距离”（访谈资料：ZXXL3721070）。基层干部们认为，这是因为这些研究成果在提出建议时没有经过调查，只是“为了写而写”，并没有顾及其现实性“你提建议的这些，你肯定是要经过调查的，你了解了基层才能给基层提建议……根本就没有下过一线，他们提的一些意见不切实际，只看到一些表象”（访谈资料：XYYJ3621070），“他们就没有到社区工作过，我觉得应该是他们不了解社区工作，然后还不了解社区这种状态”（访谈资料：SGLJ3421070），在阅读研究成果，却又无法得到有价值的现实建议时，基层干部往往会感到失望，从而愈发阻滞了对研究成果的学习意愿。

实践者缺乏学习训练。给基层干部学习研究成果造成阻碍的还有他们自身学习能力的不足。从主观上看，多数基层干部并未接受过科研训练，对于研究成果存在畏难心理。研究成果所使用的学术语言基层干部阅读起来十分困难“像有些东西，特别文字化教条的这种，我们是有时候确实看着就跟学书一样的，特别枯燥”（访谈资料：XYYY3021070），对于量化研究中所呈现的模型、图表，基层干部更是无从理解，“但是这种数据就我个人，本来就是一个逻辑思维不怎么样的，数学也不爱学，看起来这个图表就会有这种头大的感觉”（访谈资料：JDJJ4021070）。当前基层干部年龄普遍偏大，许多在不具备学习研究成果能力的同时，也已经丧失了培养自身学习能力的可能，“毕竟年龄在这方面，我已经快50岁了，一般现在可能不太好学了”（访谈资料：ZXZH4321070），再进行培养十分困难。但值得期待的是，伴随社区队伍对学历要求不断提升，“文化层次上已经很落后了，现在的话咱们社区的工作者要求都已经很高了”（访谈资料：JGXM4021070），这一现象有望在未来得到好转。

4. 应用阻碍：“躬行”何以成为可能

“纸上得来终觉浅”。在经历并突破接触、学习的阻碍后，基层干部已经形成了解决工作问题的新知识，但这与实现研究成果转化的应用间仍存在距离。当笔者向基层干部询问是否能将刚刚学习的研究成果真的运用至工作，部分基层干部表示“可以尝试”，然而仍有许多基层干部认为无法实现。具体而言，基层干部认为工作内容、资源限制及自身精力的有限均会造成其对研究成果进行应用的意愿不足。此外，部分基层干部不具备灵活化用研究成果的能力，变通性的限制也对基层干部最终在应用层面完成研究成果转化造成掣肘。

工作内容、资源限制。基层干部应用研究成果的意愿会受到工作条件阻滞，这一影响主要体现在工作内容限制、资源限制两方面。工作内容方面，在基层干部看来，自身的工作往往受到严格的步骤规范，不具有进行灵活尝试的空间“你说什么治理转型什么之类的，其实也没什么，上面说干什么我们就干什么，也没那个啥，干了多少年还是那些工作，上面提倡了很多，但工作还是那几样，所有的工作都是那样”（访谈资料：HPCR3521070），即便有意进行新方法的尝试，也很难仅凭意愿将学习成果付诸实践，自身对研究成果的应用意愿受到客观工作内容限制的阻碍。资源限制方面，许多基层干部直言，尽管看到了较好的建议，然而社区内部缺乏配套的经费进行落实，“他的想法是好的，但所有的政策、所有的项目想要得到一个好的落实，都必须要有经济支撑的。你政府你不给社区钱，社区啥都干不了”（访谈资料：SGXL342107S），“不管什么工作开展，可能还是跟经费上有很大的关系。比方我要组织一个活动，那么这个活动就涉及到有各项开销开支，你就是拉个横幅，它都需要经费来支撑”（访谈资料：NRYL342107S），将想法付诸实践十分困难，应用研究成果的意愿往往因此受阻。

实践者应用精力有限。精力有限是基层干部应用成果的另一阻碍，繁重工作任务与有限精力之间产生的矛盾造成了基层干部应用研究成果的意愿降低。一些基层干部表示，自身每天都处在工作高压之下，不仅要处理社区内琐碎的工作内容，“你想干一件事情是不可能，说是兢兢业业……因为你要顾及所有的工作都得干，基层的工作就是吃喝拉撒，居民吃喝拉撒全都得管人家，就是隔壁小狗一吵着睡不着觉了（也得管），太细了”（访谈资料：XYRZ4521070），还需要完成大量的过程性记录，“现在我感觉就是行政工作需要的太多了，天天报这个表、那个表，你出去巡查，完了以后来又要纸质版的又要影响你。你就像我经常搞安监，因为安监口就我一个人也没别人给我拍照，但是他还要留痕”（访谈资料：XYRZ4521070）。终日处于沉重的工作负担中，基层干部并无额外精力去尝试用新方法解决问题，只是按部就班，对研究成果的应用意愿大大受挫。

实践者变通性较低。此外，部分基层干部自身应用能力的不足也为实现研究成果转化造成阻碍。在看到相同的实践建议时，一些基层干部能结合工作实际，因地制宜地构想符合现实条件的工作方案，“成都（的情况）跟咱这差距还是挺大的，打比方说，有一些经验我们是可取的”（访谈资料：JDYW3521070），“遇到不会的问题了，看看人家怎么做的，再结合咱们自己的”（访谈资料：XYMB382107S）。但是，对同样的素材，另一些基层干部则会断言用不了，表示成都的经验没法学，“不是说用不上，是根本用不上，就一点也用不上……”（访谈资料：ZXWQ4021070）只想要照搬、拿来即用，而不想变通地借鉴。在学习相同的研究成果后，具有化用能力的基层干部更容易突破应用阻碍，而化用能力不足则会对基层干部应用研究成果造成能力限制。

5. 突破之后：成为“友人 A”

令人宽慰的是，一些基层干部突破阻碍对学术研究成果“学以致用”之后，会成为激活、扩散至周围人的“友人 A”：在他们的带动下，其他从未知晓、接触研究成果的基层干部得以有机会实现研究成果转化。调研发现，在街道日常工作中，有部分基层干部热衷于将自己所看到的经验、建议等与其他基层干部互相分享，从而带动更多基层干部学习，“比如说我们今年的疫情防控这些政策性的东西，然后工作相关的就是干党建的事，推送党建我们因为有自己的业务，看到相关的就会推给大家，因为事儿都是大家可能都要去做的”（访谈资料：XYYY3021070）。这些基层干部如果基于某一契机接触了研究成果，受益于自身对研究成果的学以致用，也会作为“友人 A”将研究成果推荐给其他领导、同事，使他们知晓到研究成果的存在。

同时，这些潜在的“友人 A”也可能是 MPA 项目的教师、学生。本部分的研究发现，教师，尤其是 MPA 教师是研究成果转化最好的推动者。一方面，教师通过 MPA 的课程让基层干部学生了解到学术研究成果存在，并通过实际讲授，让学生明确研究成果的确可以用在实践中，“我是读了 MPA 以后，然后看这种文献的时候，我才发现人家的这种研究，其实是从我们工作当中抽出来一个点然后去研究的，其实很多情况下都可能会指导到我们工作”（访谈资料：YBXJ3320110）；另一方面，教师还可以帮助基层干部培养阅读习惯，许多基层干部在就读MPA以后养成了阅读学术研究成果的习惯，“读了MPA以后，我会去自己去关注这些东西，万一以后可以用上呢”（访谈资料：SQYH3521040）。而且，MPA也有机会成为其同事的“友人A”，“如果说具体去管这个事的人，他是属于一个开放性或者包容性的人，可能再加上他如果比较好学的话，我肯定也会去私底下去建议一下”（访谈资料：FYZR3120110）。在他们带动下，基层干部在面临工作问题时得到“使用研究成果”的新思路，为其他干部创造出新的研究成果转化循环提供了可能。

三　基层干部研究实现成果转化的建议

1. 对研究者的建议

第一，研究者在选题时应重视对实践的回应。对组织或者管理有切实有效的启示是研究本身负责任的表现（Colquitt & George，2011）。“为了获得研究想法和灵感，我们可以从论文的世界中走出来，进入实践的世界”（徐淑英，2015）。在研究的早期阶段，研究者应该深入“公共行政田野”，这样我们才能发现最需要关注的研究问题（马骏，2012），并且有助于“判断不同观点的适用性和想出解决问题的办法”（江小涓，2020）。第二，研究者的研究内容需考虑实践的可操作性。学术研究中必然需要将实践要素提炼为学术术语，但要注意的是，如此描述的构念或者变量在现实中可操作或者有改变的可能性吗？（Vermeulen，2007）只有研究中的变量具有现实的可操作性，研究得出的结论才具有实践建议的可能。第三，研究结论的实践意义须注意真的实践。倘若文章的其他部分可以以“因学术性而牺牲生动性”为理由，那么实践意义或者政策建议部分就应该是真实的实践。实践的标准可以有一些准则，如真正的实践启示可以做到提供反直觉的见解、突出新的和重要的实际成效、得到与目前实践不一样的结论、为解释当前的有趣的情况提供了新思路或者发现了标志着实操新领域的现象（Mcgahan，2007）。

2. 对基层干部的建议

首先应该避免对学术的抗拒，抛开学术太“高大上”的偏见，主动加强自身的学习意识。须知大量研究者同样在为了解决实践问题努力，也许尚未达到理想状态，但实践者同样有必要对学术研究成果敞开怀抱。对学术研究成果的学习不但能加强街道干部对自身工作的整体把握，对街道干部综合能力、素质的提升均大有裨益。同时，调研发现，此时街道领导作用可能大于普通干部。相对而言，街道领导的阅读时间更充分，“我要是手上没有啥重要的工作，我闲了就会翻着看这些（与工作相关的文章），我觉得也挺有意思”（访谈资料：JGYZ4221070）。而调研中，没有阅读习惯的普通干部表示听从街道领导的安排，那么街道领导其实就是研究成果转化的关键角色。此外，调研中，笔者也发现了干部的努力好学，既有手边放着刊物的街道领导，又有记了满满当当笔记的社区书记，“现在咱们通过自学，领学完之后，有些章节咱们自己再研读一下”（访谈资料：JGXM4021070），也有用手指一字一字指着阅读笔者提供材料的年长的普通干部，“I：我看您非常有耐心，想要每一个都好好地看一看。R：因为我觉得知识太浅薄了，有一些是感觉看完之后好像有实用性，就觉得看完之后还是想看”（访谈资料：JDXM4321070），这些干部就是研究成果实践转化的希望，也是潜在的“友人A”。

第三节　研究局限与未来展望

本研究也具有一定的局限性。首先，本研究的研究对象为基层干部，目前的样本选取多以城市街道、社区的基层干部为主，未做进一步精细化划分。尽管同处政府行政和社会管理的末端，处于政府行政管理与社会自我管理的交会点的基层，城市基层干部与农村基层干部，发挥价值领导、愿景领导、效率领导等不同层次作用的干部在其担当作为特征、动机、影响因素等方面同样各具特点。本研究仅仅只是将基层干部群体视为同一整体，对基层干部担当作为的系列问题进行了初探。然而要更好地认识、理解、转变基层干部的担当作为行为，还需要后续研究在样本选取方面做进一步努力，从而更好地对不同类型基层干部的担当作为形成科学性的整体认识，从而更有效地改进当代中国基层干部担当作为管理的实践。

其次，伴随时代变化，基层干部担当作为的特征、动机及影响因素也在不断因时而变、因势而变，本研究得出的研究结论并非一成不变的规律，也会伴随时代特征的变化而不断被注入新的内涵。例如，以往基层往往仅仅被定义为党和国家各项方针政策“上面千条线，下面一根针”的执行层面，基层干部的担当作为往往更多被强调落实任务，伴随党的二十大报告对“把到基层和艰苦地区锻炼成长作为年轻干部培养的重要途径”“推进以党建引领基层治理，持续整顿软弱涣散基层党组织”等基层治理新观念的强调，基层也正在被赋予“年轻干部锻炼场”“坚强战斗堡垒”等新的内涵。对待基层干部担当作为的研究不能止步，需要伴随现实情况的变化不断开拓，丰富其时代内涵。

最后，本研究所使用的量化研究方法以回归分析为主，探索的更多是相关关系。未来研究可以进一步加强对因果关系的探究，通过实验室实验、实地实验、调查实验等多种实验方法，以及系统仿真、社会网络分析等计算社会科学方法，进一步探究基层干部担当作为生成的内在因果机制。后续研究可以参考本研究对基层干部担当作为特征及行为机制的擘画，对担当作为动机作用的探索，设计基层干部担当作为的因果关系研究，进一步提升研究结论的科学性以及对指导现实实践的实用性。

未来的研究可以主要从以下方面做出改进。首先，样本来源上，进一步精细化划分不同类型的基层干部，可以尝试探讨城市基层干部与乡镇基层干部等不同类型基层干部的区别，加深对基层干部担当作为行为的精细化认识。其次，研究内容上，可以尝试基于本研究提出的由担当作为动机影响担当角色认同，进而影响担当作为行为的作用机制，尝试探索更多调节变量的作用。最后，研究方法上，可以尝试使用实验法等研究方法，更好地探究变量间的因果关系。

参考文献

高奇琦等：《人工智能治理与区块链革命》，上海人民出版社 2020 年版。

景跃进、陈明明、肖滨：《当代中国政府与政治》，中国人民大学出版社 2016 年版。

王益民：《数字政府》，中共中央党校出版社 2020 年版。

萧鸣政：《现代人员素质测评》，北京语言学院出版社 1995 年版。

周黎安：《转型中的地方政府：官员激励与治理》（第二版），格致出版社、上海三联书店、上海人民出版社 2017 年版。

［美］罗伯特·B. 登哈特：《公共组织理论》，扶松茂等译，中国人民大学出版社 2011 年版。

［美］迈尔斯、休伯曼：《质性资料的分析：方法与实践》，张芬芬译，重庆大学出版社 2008 年版。

［美］沙夫里茨、海德：《公共行政学经典》（第七版），刘俊生译，中国人民大学出版社 2019 年版。

［英］米切尔·黑尧：《现代国家的政策过程》，赵成根译，中国青年出版社 2004 年版。

包国宪、马翔：《基于公共价值的政府绩效评估：概念界定与理论框架》，《兰州大学学报》（社会科学版）2022 年第 1 期。

包国宪、王学军：《以公共价值为基础的政府绩效治理——源起、架构与研究问题》，《公共管理学报》2012 年第 2 期。

包国宪、张弘：《党政融合机制下决策过程的绩效领导路径研究——来自中国 L 县的观察》，《中国行政管理》2021 年第 3 期。

蔡锐星、胡威:《公共危机情境下官僚的亲社会违规行为倾向:一项调查实验研究》,《公共管理评论》2022 年第 2 期。

常保国、戚姝:《“人工智能 + 国家治理”:智能治理模式的内涵建构、生发环境与基本布局》,《行政论坛》2020 年第 2 期。

常妍、李一丹:《影响干部担当作为的关键因素——当前干部考核存在的问题及治理》,《人民论坛》2021 年第 9 期。

陈斌:《让干部敢担当善作为》,《人民论坛》2019 年第 1 期。

陈家喜:《地方官员政绩激励的制度分析》,《政治学研究》2018 年第 3 期。

陈鹏:《国家治理的智能化转向及其实施进路》,《探索》2021 年第 3 期。

陈潭、廖令剑:《人工智能时代政府治理的挑战与回应》,《行政论坛》2021 年第 6 期。

陈涛、冉龙亚、明承瀚:《政务服务的人工智能应用研究》,《电子政务》2018 年第 3 期。

邓伟:《谨防年终考核“材料化”》,《四川日报》2021 年 12 月 20 日第 11 版。

丁元竹、沈艳、刘培林等:《积极响应习近平总书记号召 把论文写在祖国大地上》,《管理世界》2021 年第 9 期。

范逢春:《基层治理偏差极易导致“小毛病”发展成“大问题”》,《人民论坛》2020 年第 34 期。

顾远东、彭纪生:《组织创新氛围对员工创新行为的影响:创新自我效能感的中介作用》,《南开管理评论》2010 年第 1 期。

郭晟豪:《基层干部的担当作为:基于角色认同中介的动机与行为关系研究》,《公共管理与政策评论》2021a 年第 1 期。

郭晟豪:《基层干部何以担当作为?测量、动机与前因机制》,《心理科学进展》2020 年第 6 期。

郭晟豪:《预算繁文缛节的干扰:公务员的政治参与动机、牺牲奉献动机与工作投入》,《公共行政评论》2021b 年第 3 期。

郭晟豪、萧鸣政：《道德特征与道德认同对国企员工道德行为的影响：作用差异与交互效应》，《东北大学学报》（社会科学版）2017 年第 5 期。
郭晟豪、萧鸣政：《数字评才：基于中国式现代化目标的干部评价问题破解与技术创新》，《电子政务》2013 年第 10 期。
何宪：《公务员职务与职级并行制度研究》，《中国行政管理》2016 年第 9 期。
胡涤非、邓世康：《“千里挑一”与“无人问津”：公务员报考缘何“冷热不均”》，《中国青年研究》2021 年第 5 期。
胡敏：《领导干部要对党忠诚》，《学习时报》2018 年 11 月 28 日。
胡晓龙、姬方卉：《政治技能对主动担责行为的影响：心理授权与不确定性规避的作用》，《中国人力资源开发》2018 年第 2 期。
黄晓伟、张成岗：《技术决定论形成的历史进路及当代诠释》，《南京师范大学学报》（社会科学版）2017 年第 3 期。
黄泽群、颜爱民、陈世格、徐婷：《资质过高感对员工敬业度的影响：组织自尊和高绩效工作系统的作用》，《中国人力资源开发》2019 年第 9 期。
金正波：《端正工作作风 扑下身子实干》，《人民日报》2019 年 1 月 28 日。
井润田、孙璇：《实证主义 vs. 诠释主义：两种经典案例研究范式的比较与启示》，《管理世界》2021 年第 3 期。
赖先进：《公务员在跨部门协同治理中的管理技能研究》，《东北师大学报》（哲学社会科学版）2019 年第 1 期。
李锋、王浦劬：《基层公务员公共服务动机的结构与前因分析》，《华中师范大学学报》（人文社会科学版）2016 年第 1 期。
李军鹏：《新时代激发广大干部担当作为靠什么》，《人民论坛》2020 年第 Z1 期。
李庆霞：《领导干部敢担当、善作为的“三个统一”》，《理论探讨》2016 年第 4 期。
李小华：《公共服务动机的结构及测量》，《武汉大学学报》（哲学社会科学版）2008年第6期。

李学明：《激励视角下的公务员职级晋升制度研究》，《中国行政管理》2019年第10期。

李元珍、吕德文：《干部数字化考核：组织内部激励创新路径》，《理论与改革》2022年第2期。

李振：《从五大发展理念看马克思主义发展理论的时代自觉》，《思想理论教育》2017年第1期。

梁庆、韩立收、刘信言、郑儒传：《人工智能于法官绩效考核之应用——以程序法视角为中心》，《重庆社会科学》2021年第11期。

刘帮成：《基层干部“疲态”现象的表现与化解之策》，《人民论坛》2022年第5期。

刘帮成：《新时代干部治理能力短板识别及溯源》，《人民论坛》2020年第29期。

刘帮成：《中国场景下的公共服务动机研究：一个系统文献综述》，《公共管理与政策评论》2019年第5期。

刘德鹏、汪丽、易志高：《工作自主权对组织公民行为的影响机制》，《预测》2011年第3期。

刘海洋、刘圣明、王辉、徐敏亚：《领导与下属权力距离一致性对下属工作绩效的影响及其机制》，《南开管理评论》2016年第5期。

刘靖东、钟伯光、姒刚彦：《自我决定理论在中国人人群的应用》，《心理科学进展》2013年第10期。

刘昕：《身心俱疲的干部与仍不满意的群众——问题的症结及其破解之道》，《人民论坛》2018年第30期。

刘云：《前瞻性人格对员工变革行为的影响——心理安全气氛的调节作用》，《软科学》2013年第5期。

柳宝军：《党的十八大以来党内政治生态治理的生动实践》，《理论探索》2018年第4期。

鲁元平：《伊斯特林、莱亚德、奥斯瓦尔德对幸福经济学的贡献——科睿唯安“引文桂冠”经济学奖得主学术贡献评介》，《经济学动态》

2022 年第 12 期。
吕维霞、徐晓明、王超杰：《基层公务员职业倦怠感评价指标及影响因素研究》，《东北大学学报》（社会科学版）2018 年第 5 期。
梅赐琪、翟晓祯：《“政绩出官”可持续吗？——挑战晋升锦标赛理论的一个新视角》，《公共行政评论》2018 年第 3 期。
米加宁、章昌平、李大宇、徐磊：《“数字空间”政府及其研究纲领——第四次工业革命引致的政府形态变革》，《公共管理学报》2020 年第 1 期。
欧阳静：《简约治理：超越科层化的乡村治理现代化》，《中国社会科学》2022 年第 3 期。
邱泽奇、张樹沁、刘世定、许英康：《从数字鸿沟到红利差异——互联网资本的视角》，《中国社会科学》2016 年第 10 期。
沈伊默、诸彦含、周婉茹、张昱城、刘军：《团队差序氛围如何影响团队成员的工作表现？——一个有调节的中介作用模型的构建与检验》，《管理世界》2019 年第 12 期。
盛明科、孟俏俏：《基层干部“为官不为”行为的伦理规制》，《学习与探索》2022 年第 6 期。
石婷婷：《我国公务员“凡进必考”制度的创新实践与分析》，《浙江学刊》2018 年第 1 期。
谭新雨、朴龙：《为担当者担当：基层领导干部担当作为的“涓滴效应”研究》，《公共管理评论》2022 年第 2 期。
唐任伍：《“五个敢于”是新时代干部担当精神的具体体现》，《人民论坛》2018 年第 8 期。
田先红：《中国基层治理：体制与机制——条块关系的分析视角》，《公共管理与政策评论》2022 年第 1 期。
万庄：《关于完善干部激励约束和容错纠错机制的几点探讨》，《中国行政管理》2018 年第 10 期。
汪光炜、卫旭华：《职业声誉感知何以影响基层公务员公共服务动机：被调节的中介模型》，《公共管理评论》2021 年第 2 期。

汪曲、许愉：《何以驱动基层公务员担当作为：基于扎根理论的质性研究》，《公共管理与政策评论》2022 年第 5 期。

王长江：《构建敢于担当型干部评价体系势在必行》，《人民论坛》2018 年第 8 期。

王霞霞、张进辅：《国内外职业承诺研究述评》，《心理科学进展》2007 年第 3 期。

王亚华、舒全峰：《脱贫攻坚中的基层干部职业倦怠：现象、成因与对策》，《国家行政学院学报》2018 年第 3 期。

王亚华、舒全峰：《中国乡村干部的公共服务动机：定量测度与影响因素》，《管理世界》2018 年第 2 期。

王颖、王笑宇：《中国公务员的职场去留动机：职业承诺及其影响因素研究》，《中国行政管理》2016 年第 5 期。

卫武、黄昌洋、张琴：《消极情绪对组织公民行为和反生产行为的影响：自我控制视角》，《管理评论》2019 年第 12 期。

吴善鹏、李萍、张志飞：《政务大数据环境下的数据治理框架设计》，《电子政务》2019 年第 2 期。

萧鸣政：《新时代领导干部政治素质及其考评初探》，《北京大学学报》（哲学社会科学版）2018 年第 3 期。

萧鸣政：《用哪些指标来评价敢于担当型干部》，《人民论坛》2018 年第 8 期。

萧鸣政、陈新明：《中国人才评价制度发展 70 年分析》，《行政论坛》2019 年第 4 期。

萧鸣政、林禾、肖志康：《干部管理中如何把政治标准放在首位？——领导干部政治素质考评方法探索与实证效果分析》，《中国行政管理》2019 年第 7 期。

萧鸣政等：《“敢于担当”型领导考评标准的实证研究：结构探索与量表编制》，《中国人力资源开发》2015 年第 5 期。

谢清伦、郗涛：《谦逊型领导与员工主动担责：角色宽度自我效能与目标导向的作用》，《中国软科学》2018 年第 11 期。

徐彬：《“自主—依附型”干部：内涵、特征与定位》，《科学社会主义》2013 年第 2 期。

徐辉：《基于大数据的公共部门人员绩效提升与管理模式创新》，《中国软科学》2017 年第 1 期。

杨华：《事务分类与激励匹配：对基层“干部分流”现象的新理解》，《江西师范大学学报》（哲学社会科学版）2022 年第 2 期。

杨立华：《开辟公共管理研究的文明路径：新时代的新任务》，《中国行政管理》2021 年第 9 期。

杨小军：《以激励机制促干部作为 以容错机制保干部担当》，《人民论坛》2018 年第 26 期。

叶先宝、李纾：《公共服务动机：内涵、检验途径与展望》，《公共管理学报》2008 年第 1 期。

于海波：《敢于担当型干部评价体系构建的内容与方法》，《人民论坛》2018 年第 8 期。

于学强：《中国共产党的历史自信与时代自觉》，《学术界》2023 年第 4 期。

余敏江：《基层微权力监管存在的问题与治理之道》，《人民论坛》2021 年第 11 期。

张光磊、周金帆、张亚军：《精神型领导对员工主动变革行为的影响研究》，《科研管理》2018 年第 11 期。

张国玉：《聘任制公务员的制度创新与内在价值》，《人民论坛》2018 年第 6 期。

张若勇、刘光建、刘新梅：《员工创造力效能感与主动变革行为的权变关系——基于计划行为理论视角》，《经济管理》2018 年第 8 期。

张书维、顾琼、杨黎婧：《对党忠诚与建言行为：公职人员的“忠谏”之路》，《公共行政评论》2019 年第 6 期。

张书维、郭晟豪：《行为公共管理研究中的公共组织行为问题：最新代表性研究及探讨》，《公共管理评论》2021 年第 3 期。

张书维、李纾：《行为公共管理学探新：内容、方法与趋势》，《公共行政评论》2018 年第 1 期。

张书维、秦枭童、张晓会：《中国公共服务动机研究的自主化：起点、原则与路径》，《南京社会科学》2023 年第 4 期。

张树旺等：《论组织支持感对基层公务员敢于担当行为的影响——基于珠三角地区的调查数据》，《华南理工大学学报》（社会科学版）2017 年第 4 期。

张占辉：《新时代党员干部如何担当责任》，《人民论坛》2018 年第 35 期。

赵晶旭、舒成利、王尧、高山行：《人工智能风险的契约观及契约化治理机制研究》，《科学学研究》2021 年第 8 期。

郑志龙、黄旭：《组织支持感对基层公务员担当作为的影响分析——以公共服务动机为中介变量》，《郑州大学学报》（哲学社会科学版）2021 年第 3 期。

周雪光：《基层政府间的"共谋现象"——一个政府行为的制度逻辑》，《社会学研究》2008 年第 6 期。

朱春奎、吴辰：《公共服务动机对工作满意度的影响研究》，《公共行政评论》2012 年第 1 期。

朱力、袁迎春：《正视基层干部对社会矛盾的忧虑心态——基于 602 名基层干部的社会调查》，《国家行政学院学报》2017 年第 3 期。

竺乾威：《政治生态变化中官员的公民身份认知回归》，《探索与争鸣》2015 年第 6 期。

Ashforth, B. E., Joshi, M., Anand, V., & O'Leary-Kelly, A. M., "Extending the expanded model of organizational identification to occupations", *Journal of Applied Social Psychology*, 2013, 43 (12): 2426 - 2448.

Bakker, A. B., Hakanen, J. J., Demerouti, E., & Xanthopoulou, D., "Job resources boost work engagement, particularly when job demands are high", *Journal of educational psychology*, 2007, 99 (2): 274.

Bandura A., "Moral disengagement in the perpetration of inhumanities",

Personality and Social Psychology Review, 1999, 3 (3): 193 –209.

Bennett, N., & Lemoine, G. J., "What a difference a word makes: Understanding threats to performance in a VUCA world", *Business horizons*, 2014, 57 (3): 311 –317.

Berto, F., Tagliabue, J., & Rossi, G., "There's Plenty of Boole at the Bottom: A Reversible CA Against Information Entropy", *Minds and Machines*, 2016, 26 (04): 341 –357.

Bozeman, B., & Su, X., "Public service motivation concepts and theory: a critique", *Public Administration Review*, 2015, 75 (5): 700 –710.

Bozeman, B., "A theory of government 'red tape'", *Journal of public administration research and theory*, 1993, 3 (3): 273 –304.

Breaugh, J., "A. Further investigation of the work autonomy scales: two studies", *Journal of Business & Psychology*, 1999, 13 (3): 357 –373.

Breaugh, J., "The measurement of work autonomy", *Human Relations*, 1985, 38: 551 –570.

Brodkin, E. Z., "Reflections on street-level bureaucracy: past, present, and future", *Public Administration Review*, 2012, 72 (6): 940 –949.

Caillier, J. G., Sa, Y., "Do transformational-oriented leadership and transactional-oriented leadership have an impact on whistle-blowing attitudes? A longitudinal examination conducted in US federal agencies", *Public Management Review*, 2017, 19 (4): 406 –422.

Campbell, J. W., "Efficiency, incentives, and transformational leadership: Understanding collaboration preferences in the public sector", *Public Performance & Management Review*, 2018, 41 (2): 277 –299.

Carlson, D. S., Kacmar, K. M., "Work-family conflict in the organization: Do life role values make a difference?", *Journal of Management*, 2000, 26 (5): 1031 –1054.

Caswell, D., Marston, G., & Larsen, J. E., "Unemployed citizen or 'at risk' client? Classification systems and employment services in Denmark and Australia", *Critical Social Policy*, 2010, (30): 384 - 404.

Chen, C. A., & Bozeman, B., "Understanding public and nonprofit managers' motivation through the lens of self-determination theory", *Public Management Review*, 2013, 15 (4): 584 - 607.

Chen, C. A., Chen, D. Y., & Xu, C., "Applying self-determination theory to understand public employee's motivation for a public service career: an east asian case (taiwan)", *Public Performance & Management Review*, 2018, (3): 1 - 25.

Coursey, D. H., & Pandey, S. K., "Public service motivation measurement: testing an abridged version of perry's proposed scale", *Administration & Society*, 2007, 39 (5): 547 - 568.

Cummings, M. L., "Automation and Accountability in Decision Support System Interface Design", *Journal of Technology Studies*, 2006, 32 (01): 23 - 31.

Dahl, R. A. & Lindblom, C. E., *Politics, Economics, and Welfare*, Chicago: University of Chicago Press, 1976, p. 252.

De Spiegelaere, S., Van Gyes, G., & Van Hootegem, G., "Not all autonomy is the same. different dimensions of job autonomy and their relation to work engagement & innovative work behavior", *Human Factors & Ergonomics in Manufacturing & Service Industries*, 2016, 26 (4): 515 - 527.

De Spiegelaere, S., Van Gyes, G., De Witte, H., & Van Hootegem, G., "Job design, work engagement and innovative work behavior: A multi-level study on Karasek's learning hypothesis", *Management Revue*, 2015, 26 (2): 123 - 137.

Deci, E. L., & Ryan, R. M., "Facilitating optimal motivation and psychological well-being across life's domains", *Canadian Psychology*, 2008, 49 (1): 14 - 23.

Deci, E. L., & Ryan, R. M., "The 'what' and "why" of goal pursuits: Human needs and the self-determination of behavior", *Psychological Inquir-*

y, 2000, 11: 319 – 338.

Dries, N., "The psychology of talent management: A review and research agenda", *Human Resource Management Review*, 2013, 23 (4): 272 – 285.

Dwight, W., *The Administrative State: A Study ofthe Political Theory of American Public Administration*, NewYork: The Ronald Press Company, 211.

Edwards, M. R., "Organizational identification: A conceptual and operational review", *International Journal of Management Reviews*, 2005, 7 (4): 207 – 230.

Eisenberger, R., Armeli, S., Rexwinkel, B., Lynch, P. D., & Rhoades, L., "Reciprocation of perceived organizational support", *Journal of applied psychology*, 2001, 86 (1): 42.

Eisenhardt, K. M., "Building Theories from Case Study Research", *Academy of Management Review*, 1989, 14 (4): 532 – 550.

Eisenhardt, K. M. Graebner, M. E., "Theory Building from Cases: Opportunities and Challenges", *Academy of Management Journal*, 2007, 50 (1): 25 – 32.

Erdogan, B., Bauer, T. N., JOSé MARíA PEIRó, & Truxillo, D. M., "Overqualified employees: making the best of a potentially bad situation for individuals and organizations", *Industrial & organizational psychology*, 2011, 4 (2): 215 – 232.

European Commission, 2019, Directorate-General for Communications Networks, Content and Technology. Ethics guidelines for trustworthy AI, EU Publications Office, https://data.europa.eu/doi/10.2759/177365.

Farmer, S. M., Tierney, P., & Kung-Mcintyre, K., "Employee Creativity in Taiwan: An Application of Role Identity Theory", *Academy of Management Journal*, 2003, 46 (5): 618 – 630.

Farmer, T. S. M., "Creative self-efficacy: its potential antecedents and relationship to creative performance", *The Academy of Management Journal*, 2002, 45 (6): 1137 – 1148.

Fernandez, S., & Moldogaziev, T., "Employee empowerment and job satisfaction in the u. s. federal bureaucracy: a self-determination theory perspective", *The American Review of Public Administration*, 2015, 45 (4): 375 – 401.

Ferris, G. R., & Kacmar, K. M., "Perceptions of organizational politics", *Journal of Management*, 1992, 18 (1): 93 – 116.

Fornell, C., & Larcker, D. F., "Structural equation models with unobservable variables and measurement error: Algebra and Statistics", *Journal of Marketing Research*, 1981, 18 (3): 382 – 388.

Frey, B. S. & Jegen, R., "Motivation Crowding Theory", *Journal of Economic Surveys*, 2001, 15 (5): 589 – 611.

Fuller, J. B., Marler, L. E., & Hester, K., "Bridge building within the province of proactivity", *Journal of Organizational Behavior*, 2012, 33: 1053 – 1070.

Gagliarducci, S., Nannicini, T., & Naticchioni, P., "Moonlighting politicians", *Journal of Public Economics*, 2010, 94 (9 – 10): 688 – 699.

Gagné, M., Forest, J., Gilbert, M. H., Aubé, C., Morin, E., & Malorni, A., "The motivation at work scale: Validation evidence in two languages", *Educational and Psychological Measurement*, 2010, 70 (4): 628 – 646.

Gallardo-Gallardo E, Thunnissen M, Scullion H., "Talent management: context matters", *The International Journal of Human Resource Management*, 2020, 31 (4): 457 – 473.

Garciamainar, I., & Montuengagomez, V. M., "Over-Qualification and the Dimensions of Job Satisfaction", *Social Indicators Research*, 2020, 147 (2): 591 – 620.

Hackman, J. R., & Oldham, G. R., "Development of the job diagnostic survey", *Journal of Applied Psychology*, 1975, 60 (2): 159 - 170.

Hartley, J., Sancino, A., & Bennister, M. et al., "Leadership for public value: Political astuteness as a conceptual link", *Public Administration*, 2019, 97 (2): 239 - 249.

Hayes, A. F., 2013, *Introduction to Mediation, Moderation, and Conditional Process Analysis: A Regression-Based Approach*, New York, NY: The Guilford Press.

Hayton, J. C., Carnabuci, G., & Eisenberger, R., "With a little help from my colleagues: a social embeddedness approach to perceived organizational support", *Journal of Organizational Behavior*, 2012, 33: 235 - 249.

Hogg, M. A., Terry, D. J., & White, K. M., "A Tale of Two Theories: A Critical Comparison of Identity Theory with Social Identity Theory", *Social Psychology Quarterly*, 1995, 58 (4): 255 - 269.

House, R. J., & Rizzo, J. R., "Role conflict and ambiguity as critical variables in a model of organizational behavior", *Organizational behavior and human performance*, 1972, 7 (3): 467 - 505.

Houston, D. J., "Public-service motivation: a multivariate test", *Journal of Public Administration Research and Theory*, 2000, 10 (4): 713 - 727.

How, J. P., "Ethically aligned design", *IEEE Control Systems*, 2018, 38 (03): 3 - 4.

Höchtl, J., Parycek, P., & Schöllhammer, R., "Big data in the policy cycle: Policy decision making in the digital era", *Journal of Organizational Computing and Electronic Commerce*, 2016, 26 (1 - 2): 147 - 169.

Jacobsen, C. B., & Jakobsen, M. L., "Perceived organizational red tape and organizational performance in public services", *Public Administration Review*, 2018, 78 (1): 24 - 36.

Jacobsen, C. B., Hvitved, J., & Andersen, L. B., "Command and motivation: how the perception of external interventions relates to intrinsic motivation and public service motivation", *Public Administration*, 2014, 92 (4): 790 – 806.

Jensen, U. T., & Bro L L., "How transformational leadership supports intrinsic motivation and public service motivation: The mediating role of basic need satisfaction", *The American Review of Public Administration*, 2018, 48 (6): 535 – 549.

Kacmar, K. M., & Carlson, D. S., "Further validation of the perceptions of politics scale (POPS): A multiple sample investigation", *Journal of Management*, 1997, 23 (5): 627 – 658.

Kim, S., & Oswald, A. J., "Happy lottery winners and lottery-ticket bias", *Review of Income and Wealth*, 2021, 67 (2), 317 – 333.

Kim, S., & Vandenabeele, W., "A strategy for building public service motivation research internationally", *Public Administration Review*, 2010, 70 (5): 701 – 709.

Kim, S., Vandenabeele, W., Wright B E, et al., "Investigating the structure and meaning of public service motivation across populations: Developing an international instrument and addressing issues of measurement invariance", *Journal of Public Administration Research and Theory*, 2013, 23 (1): 79 – 102.

Klaas, B. S, Olson-Buchanan, J. B., Ward, A. K., "The determinants of alternative forms of workplace voice: An integrative perspective", *Journal of Management*, 2012, 38 (1): 314 – 345.

Koseoglu, G., Yi, L., & Shalley, C. E., "Working with Creative Leaders: Exploring the Relationship between Supervisors' and Subordinates' Creativity", *The Leadership Quarterly*, 2017, 28 (6): 798 – 811.

Kottke, J. L., & Sharafinski, C. E., "Measuring perceived supervisory and organizational support", *Educational and psychological Measurement*, 1988, 48 (4): 1075 – 1079.

Kuvaas, B., "A test of hypotheses derived from self-determination theory among public sector employees", *Employee Relations*, 2009, 31 (1): 39 -56.

Lash, S., "Power after hegemony: Cultural studies in mutation?", *Theory, culture & society*, 2007, 24 (03): 55 -78.

Lee, K., Carswell, J. J., & Allen, N. J., "A meta-analytic review of occupational commitment: relations with person-and work-related variables", *Journal of Applied Psychology*, 2000, 85 (5): 799 -811.

Lehman, W. E. & Simpson, D. D., "Employee substance use and on-the-job behaviors", *Journal of Applied Psychology*, 1992, 77 (3): 309 -321.

Li, S., et al., "When and why empowering leadership increases followers' taking charge: A multilevel examination in China", *Asia Pacific Journal of Management*, 2015, 32 (3): 645 -670.

Lin, B., Mainemelis, C., & Kark, R., "Leaders' Responses to Creative Deviance: Differential Effects on Subsequent Creative Deviance and Creative Performance", *The Leadership Quarterly*, 2016, 27 (4): 537 -556.

Lin, C. P., Yuan, H. T., & Chiu, C. K., "Modeling customer loyalty from an integrative perspective of self-determination theory and expectation-confirmation theory", *Journal of Business & Psychology*, 2009, 24 (3): 315 -326.

Littmanovadia, H., Oren, L., & Lavy, S., "Attachment and Autonomy in the Workplace: New Insights", *Journal of Career Assessment*, 2013, 21 (4): 502 -518.

Mael, F., & Ashforth, B. E., "Alumni and their alma mater: A partial test of the reformulated model of organizational identification", *Journal of Organizational Behavior*, 1992, 13 (2): 103 -123.

Maslow, A. H., "A Preface to Motivation Theory", *Psychosomatic Med*, 1943, 5: 85 -92.

Mattozzi, A., & Merlo, A., "Political careers or career politicians?", *Journal of Public Economics*, 2008, 92 (3-4): 597-608.

May, D. R., Chang, Y. K, & Shao, R., "Does ethical membership matter? Moral identification and its organizational implications", *Journal of Applied Psychology*, 2015, 100 (3): 681-694.

Maynard, D. C., Joseph, T. A., & Maynard, A. M., "Underemployment, job attitudes, and turnover intentions", *Journal of organizational behavior*, 2006, 27 (4): 509-536.

McAllister, D. J., Kamdar, D., Morrison, E. W., & Turban, D. B., "Disentangling role perceptions: How perceived role breadth, discretion, instrumentality, and efficacy relate to helping and taking charge", *Journal of Applied Psychology*, 2007, 92: 1200-1211.

McDonnell, A, Collings, D. G., Mellahi, K, et al., "Talent management: a systematic review and future prospects", *European Journal of International Management*, 2017, 11 (1): 86-128.

McGuinness, S., "Over-education in the labor market", *Journal of Economic Surveys*, 2006, 203: 387-418.

Meijerink, J., Boons, M., Keegan, A, et al., "Algorithmic human resource management: Synthesizing developments and cross-disciplinary insights on digital HRM", *The International Journal of human resource management*, 2021, 32 (12): 2545-2562.

Morrison, E. W., & Phelps, C. C., "Taking charge at work: Extra role efforts to initiate workplace change", *Academy of Management Journal*, 1999, 42 (4): 403-419.

Moynihan, D. P., & Pandey, S. K., "The role of organizations in fostering public service motivation", *Public Administration Review*, 2007, 67 (1), 40-53.

Parker, S. K., & Collins, C. G., "Taking stock: Integrating and differentiating multiple proactive behaviors", *Journal of Management*, 2010, 36

(3): 633 -662.

Pedersen, M. J., "Activating the forces of public service motivation: evidence from a low-intensity randomized survey experiment", *Public Administration Review*, 2015, 75 (5): 734 -746.

Perry, J. L., Hondeghem, A., & Wise, L. R., "Revisiting the motivational bases of public service: twenty years of research and an agenda for the future", *Public Administration Review*, 2010, 70 (5): 681 -690.

Perry, J. L., "Bringing society in: toward a theory of public-service motivation", *Journal of Public Administration Research & Theory*, 2000, 10 (2): 471 -488.

Petkus, E., "The creative identity: Creative behavior from the symbolic interactionist perspective", *The Journal of Creative Behavior*, 1996, 30 (3): 188 -196.

Podsakoff, N. P., "Common method biases in behavioral research: a critical review of the literature and recommended remedies", *Journal of applied psychology*, 2003, 885 (879): 10 -1037.

Podsakoff, P. M., MacKenzie, S. B., Lee, J. - Y., & Podsakoff, N. P., "Common method biases in behavioral research: A critical review of the literature and recommended remedies", *Journal of Applied Psychology*, 2003, 88 (5): 879 -903.

Pollitt, C., *Managerialism and the Public Service. Cambridge*, England: Basil-Blackwell, 1990, pp. 2 -3.

Prebble, M., "Has the Study of Public Service Motivation Addressed the Issues That Motivated the Study?" *The American Review of Public Administration*, 2016, 46 (3): 267 -291.

Rainey, H. G., "Reward preferences among public and private managers: in search of the service ethic", *American Review of Public Administration*, 1982, 16 (4): 288 -302.

Riley, A., & Burke, P. J., "Identities and self-verification in the small *group*", *Social Psychology Quarterly*, 1995, 58: 61 - 73.

Rudin, C., "Stop explaining black box machine learning models for high stakes decisions and use interpretable models instead", *Nature Machine Intelligence*, 2019, 1 (05): 206 - 215.

Ryan, R. M., & Deci, E. L., "Self-determination theory and the facilitation of intrinsic motivation, social development, and well-being", *American Psychologist*, 2000, 55 (1): 68 - 78.

Schaufeli, W. B, Salanova, M, Gonzάlez-Romά, V, et al., "The measurement of engagement and burnout: A two sample confirmatory factor analytic approach", *Journal of Happiness Studies*, 2002, 3 (1): 71 - 92.

Shanock, L. R., & Eisenberger, R., "When supervisors feel supported: relationships with subordinates' perceived supervisor support, perceived organizational support, and performance", *Journal of Applied psychology*, 2006, 91 (3), 689.

Shim, D. C., & Rohrbaugh, J., "Government career commitment and the shaping of work environment perceptions", *The American Review of Public Administration*, 2011, 41 (3): 263 - 284.

Simon, H. A., *Administrative Behavior: A Study of Decision-Making Processes in Administrative Organizations*, 2nd ed, New York: Free Press, 1957, p. 102.

Stets, J. E., & Burke, P. J., "Identity theory and social identity theory", *Social Psychology Quarterly*, 2000, 63 (3): 224 - 237.

Strohmeier, S., "Smart HRM - a Delphi study on the application and consequences of the Internet of Things in Human Resource Management", *The International Journal of Human Resource Management*, 2020, 31 (18): 2289 - 2318.

Suddaby, R., Gendron, Y., & Lam, H., "The organizational context of professionalism in accounting", *Accounting Organizations and Society*, 2009, 34 (3 - 4): 409 - 427.

Tierney, P., & Farmer, S. M., "Creative Self-Efficacy: Its Potential Antecedents and Relationship to Creative Performance", *Academy of Management Journal*, 2002, 45 (6): 1137 - 1148.

Tucker, R. C., *The Marx-Engels Reader*, New York: Norton, 1978, p. 115.

Tummers, L., & Knies, E., "Measuring public leadership: Developing scales for four key public leadership roles", *Public Administration*, 2016, 94 (2): 433 - 451.

Tummers, L., Steijn, B., Nevicka, B., & Heerema, M., "The Effects of Leadership and Job Autonomy on Vitality: Survey and Experimental Evidence", *Review of Public Personnel Administration*, 2016, 38 (3): 355 - 377.

Turban, D. B., Tan, H. H., Brown, K. G., & Sheldon, K. M., "Antecedents and Outcomes of Perceived Locus of Causality: An Application of Self-Determination Theory", *Journal of Applied Social Psychology*, 2007, 37 (10): 2376 - 2404.

Van den Broeck, A., Vansteenkiste, M., Lens, W., & Witte, H. D., "Unemployed individuals' work values and job flexibility: an explanation from expectancy-value theory and self-determination theory", *Applied Psychology*, 2010, 59 (2): 296 - 317.

Vandenabeele, W., Brewer, G. A., & Ritz, A., "Past, present, and future of public service motivation research", *Public Administration*, 2014, 92 (4): 779 - 789.

Vogl, T. M., Seidelin, C., Ganesh, B. et al., "Smart technology and the emergence of algorithmic bureaucracy: Artificial intelligence in UK local authorities", *Public Administration Review*, 2020, 80 (06): 946 - 961.

Wachter, S., Mittelstadt, B., & Russell, C., "Counterfactual explanations without opening the black box", *Harvard Journal of Law & Technology*, 2018, (02): 841 - 887.

Wang, E., Jiang, W., & Mao, S., "Job autonomy and turnover intention among social workers in China: roles of work-to-family enrichment, job satisfaction and type of sector", *Journal of Social Service Research*, 2019, 6 (2): 1-15.

Wang, S. B., "The embedded development of social work in China (in Chinese)", *Social Science Front*, 2011, 34 (2): 206-222.

Wang, Y, Wang, G, Chen, Q, et al., "Depletion, moral identity, and unethical behavior: Why people behave unethically after self-control exertion", *Consciousness and Cognition*, 2017, 56: 188-198.

Warsen, R., Nederhand, J., Klijn, E., Grotenbreg, S. & Koppenjan, J., "What Makes Public-Private Partnerships Work? Survey Research into the Outcomes and the Quality of Cooperation in PPPs", *Public Management Review*, 2018, 20 (8): 1165-1185.

Weske, U., & Schott, C., "What motivates different groups of public employees working for dutch municipalities? combining autonomous and controlled types of motivation", *Review of Public Personnel Administration*, 0734371X16671981, 2016.

White, L. D., *Introduction to the Study of Public Administration*, *Fourth edition*, New York: The Macmilan Company, 1954, 2+11.

Wiblen, S., & Marler J H., "Digitalised talent management and automated talent decisions: the implications for HR professionals", *The International Journal of Human Resource Management*, 2021, 32 (12): 2592-2621.

Yoon, J., & Lim, J. C., "Organizational support in the workplace: the case of Korean hospital employees", *Human Relations*, 1999, 52 (7): 923-945.

Young, M. M., Bullock, J. B., & Lecy, J. D., "Artificial discretion as a tool of governance: a framework for understanding the impact of artificial intelligence on public administration", *Perspectives on Public Management and Governance*, 2019, 2 (04): 301-313.

Zhao，X.，Lynch Jr，J. G，Chen Q.，"Reconsidering Baron and Kenny: Myths and Truths about Mediation Analysis"，*Journal of Consumer Research*，2010，37（2）：197–206.

Ziebell，R. C，Albors-Garrigos J，Schoeneberg K P，et al.，"Adoption and success of e-HRM in a cloud computing environment: A field study"，*International Journal of Cloud Applications and Computing*（*IJCAC*），2019，9（2）：1–27.

后　记

所谓纸短情长，研究如是，书稿如是，后记亦如是。本书是关于干部的，也是关于生活的；因为基层干部的担当作为与每一个世间的生命息息相关。而作为研究者，笔尖所流淌的文字，可以关注、反映和思考与基层干部担当作为有关的事，也是一种幸福。研究难以承载干部与生活的百态，书稿难以承载诸多的研究，也正如这篇后记难以承载本书的余音。

罗曼·罗兰说，要像冬天的大地一样有耐心。本书既是开始，也是新的开始；所以我更喜欢以后记的方式，总结本书的旅程。我的本科专业是人力资源管理，入学前喜欢的是心理学，可能那时就朴素地对微观行为有着兴趣；研究生阶段学习行政管理，其实还是关于人，只不过是关于更为具体的党政干部。起初觉得，自己以工商管理的基础进入公共管理的丛林；现在回想起来，可能之前的训练就是为了更好地与丛林中的行为公共管理相遇。职业选择之初认为自己一直研究组织行为，可却在企业与公共部门之间思考着自己的身份认同；就像冬天的大地，在前进的道路上既磨练着耐心，也不断遇到一路的同行人。正如罗曼·罗兰另一句鼓励着我的话，“在战斗中，我们不是孤军”。从前与我同行的是老师、朋友，还有教授我很多知识与方向的审稿人；再之后有了行为公共管理的共同体，还有为我打破思维墙壁的忘年交、小伙伴。

如此想来，就像学习管理的我在双学位上选择了文学一样，在研究中、在文字中我可以得到我喜爱的自由。本书就是这样一个自由的所在，包括了这些年来我对行为公共管理、公共部门组织行为学的许多恣意的想法。基层干部担当作为研究就像是冯虚御风的快乐，在书中讲述了许多论文中未能言尽的故事，比如生活对研究的启迪，又比如研究与生活的联动。本书从擘画开始，经过洞悉、精细、变数、未来再到尾声，都伴随着对现实的关注。学术研究可以，也应该与每一个生命息息相关。因为所谓研究，本来就是人类对自己的追问：追问现实，追问理想；追问理想的现实，也追问现实的理想。

生活还在继续，研究也在继续；生活是幸福的，研究也是幸福的。生活和研究都是有温度的，这种温度是心底的一种悸动。当风吹过，当云飘过，当阳光为世间刺开一面金色，满目的人间，皆是研究的故事。赤子之心总是孤独的，研究者却从不曾彻底孤独过。因为就像大地，即便冰封，地底也是热的。行为公共管理就像一粒种子，公共部门组织行为就像海棠花，从来都未眠。基层干部在努力，研究者也在努力：盛放，幸福又快乐地！